DR. OETKER

DRINKS
mit Promille

CERES

Drinks mit Promille – gehaltvolle Cocktails in ihrer ganzen bunten, fruchtigen, geschmacklichen und phantasievollen Vielfalt – wer sie als Hobby-Barkeeper ins Glas zaubern kann, der mag seine Freunde ruhig zur Happy Hour am frühen Abend einladen. Oder zum Cocktailempfang am Vormittag. Oder zum Abend an der Bar in einer langen Sommernacht. Oder? – Zeit für Drinks ist eigentlich immer!

Ratgeber

Aperitifs

Digestifs

Klassiker

Drinks am Vormittag

Happy Hour

Longdrinks

Hot Drinks

Ratgeber
2cl

Mixers Werkzeugkasten

Natürlich sind Phantasie und das richtige Gespür dafür, welche Zutaten miteinander harmonieren, für erfolgreiches Mixen sehr wichtig. Aber ohne das richtige Werkzeug wird einem die Arbeit nur schwer von der Hand gehen. Korkenzieher und Flaschenöffner sind zwar in jedem Haushalt vorhanden, aber das reicht nicht. Ein paar Dinge müßten Sie sich schon anschaffen. Auf dem Foto, das diesen Ratgeber begleitet, sehen Sie deshalb wichtiges Handwerkszeug für den Hobby-Barkeeper.

Links im Bild ein Eisbehälter, in dem Eiswürfel aufbewahrt werden. Dazu gehören die Eiszange oder auch eine Eisschaufel zum Entnehmen von Eiswürfeln.

Vor dem Eisbehälter ein ganz wichtiges Utensil, das Barsieb, auch Strainer genannt. Dieses Rundsieb hält beim Abseihen der Cocktails in die Trinkgläser Eiswürfel, Fruchtkerne oder andere unerwünschte Beigaben im Shaker oder Rührglas zurück.

Korkenzieher und Flaschenöffner sind ohnehin in jedem Haushalt vorhanden.

Rechts im Bild ist der Barlöffel. Sein 25 cm langer Griff erlaubt auch in langstieligen Gläsern das Umrühren. Außerdem kann man ihn zum Abmessen von Flüssigkeiten verwenden; ein Barlöffel entspricht etwa einem Teelöffel.

Im Hintergrund steht ein zweiteiliger Shaker, in dem Cocktails, besonders solche mit Fruchtsäften, geschüttelt werden. Vor dem Schütteln werden Eiswürfel in den Shaker gegeben, durch die der Drink rasch und gut gekühlt wird. Die Eiswürfel bleiben übrigens im Shaker zurück, bzw. werden mit Hilfe des Barsiebs zurückgehalten. Außerdem bewirkt fachgemäßes Schütteln die richtige Vermischung der Spirituosen und anderen Zutaten. Bitte beachten Sie, daß kohlensäurehaltige Zutaten wie Champagner, Sekt, Mineralwasser, Cola und Limonaden niemals im Shaker geschüttelt werden sollen, weil sonst die Kohlensäure entweicht. Champagner, auch Champagner-Cocktails werden deshalb nicht mit einem Rührstab serviert. Wer die Kohlensäure aus dem Champagner entfernen möchte, zeigt, daß er ein Banause ist. Immerhin haben viele Kellermeister viel Gehirnschmalz darauf verwendet, mit einer genau abgestimmten Füll-Lösung, Dosage genannt, die richtige Flaschengärung und damit die richtige Menge Kohlensäure zu erzeugen.

Rechts neben dem Shaker sehen Sie einen Siphon, in den Wasser zum Abspritzen von Fizzes gefüllt wird.

Vor dem Eisbehälter eine Barzange, mit der man Verschlüsse und Korken öffnen kann. Links neben der Barzange steht ein Meßglas zum Abmessen von 2 cl bzw. 4 cl Flüssigkeit. Zum Abmessen eignet sich auch ein Schnapsglas mit 2-cl-Eichung.

Rechts neben dem Barsieb ein Barmesser mit einer Säge. Damit werden Früchte aufgeschnitten und Fruchtstücke aufgespießt. Als Unterlage beim Schneiden ist ein Schneidbrett zu empfehlen.

Außerdem benötigen Sie noch folgende Utensilien: Ein Rührglas, auch Bar- oder Mixglas genannt, in dem hauptsächlich Short-Drinks gemixt werden. Dieses Glas soll dickwandig sein und einen kleinen Ausgießschnabel haben, damit sich die fertigen Drinks leichter in das Trinkglas umfüllen lassen.

Nützlich ist ein Champagnerflaschen-Verschluß, mit dem angebrochene Sekt- oder Champagnerflaschen wieder verschlossen werden.

Und da schließlich manche Cocktails mit etwas geriebener Muskatnuß bestreut werden, empfiehlt sich eine kleine Muskatreibe.

Von Flöten und Tumblern oder: Jedem Drink sein Glas

Erst im richtigen Glas serviert wird ein Drink zum vollendeten Genuß. Jeder Drink braucht eine seinem Charakter und der Menge entsprechende Glasform. Für die Drinks in diesem Buch sollten Sie Gläser wie auf dem Foto zur Verfügung haben:

Links oben ein kurz- und ein langstieliges Cocktailglas. Beide haben die klassische weite Form, sie bietet Fruchtstücken die nötige Bewegungsfreiheit und machen den Drink attraktiv. In diesen Cocktailgläsern werden

Klassiker wie der Side Car serviert, außerdem cremige Drinks und Sekt-Drinks.

Links unten ein universell einsetzbarer Longdrinkbecher mit weit ausgestellter Mundlinie, die den eleganten Charakter unterstreicht. In diesen Longdrinkbechern werden vor allem Highballs, Collins-Drinks und Fizzes serviert, die nicht zu große Flüssigkeitsmengen benötigen.
Hoch aufragend eine Sektflöte. Durch den weit unten liegenden Moussierpunkt ist dieses Glas besonders für Champagner-Drinks geeignet. Denn so steigen die Perlen einen langen Weg nach oben. Außerdem sammeln sie das Bouquet, weswegen flache Schalen nicht zu empfehlen sind. In einer Sektflöte können überdies Sours und Flips serviert werden.

Die Sektschale in der Mitte des Bildes bietet sich also eher für süße Drinks, Flips, Sekt-Drinks und Champagner-Drinks an.
Rechts im Bild ein Fußbecher, der klassischerweise für alkoholfreie Drinks und für Säfte verwendet wird, aber auch mit fruchtig-exotischen Drinks gefüllt sehr schön aussieht. Links daneben das klassische Longdrinkglas.

Rechts neben der Sektschale steht ein weiterer Klassiker, das Whiskyglas, auch Tumbler oder Old-Fashioned-Glas genannt. Im Whiskyglas werden aber nicht nur Whisky-Drinks, sondern auch viele im Glas gerührte Drinks serviert.
Nicht auf dem Foto, aber trotzdem eine sinnvolle Ergänzung sind Cocktailschalen mit relativ kleiner Schale. In ihnen werden hauptsächlich Aperitifs und hochprozentige Drinks gereicht. Außerdem gibt es noch formschöne Ballongläser, in denen Cocktails mit viel zerstoßenem Eis serviert werden.

Für Hot Drinks benötigt man hitzebeständige Punschgläser oder Punschbecher, für Irish Coffee auch den typischen Irish-Coffee-Becher.

Spirituosen

Cocktails und Drinks sind nur so gut wie ihre Zutaten. Deshalb sind zum Mixen die besten Zutaten gerade gut genug. Erste Mixversuche können schon mit wenigen Spirituosen und weiteren Zutaten gestartet werden. Der Grundstock einer Hausbar besteht aus 7 Spirituosen: Gin, Cognac oder Weinbrand, Whisky, Rum Light-Dry, Vermouth Rot, Champagner oder Sekt und Wodka. Sinnvolle Ergänzungen der Hausbar sind Campari, trockener Sherry, Obstbrände und Liköre, z.B. Drambuie, Southern Comfort, Molinari, Sambuca (Anislikör), Orangenlikör, Apricot-Brandy und Amaretto.

Gin

Gin wird in unzähligen Drinks gemixt, aber auch pur (eisgekühlt) getrunken. Diese englische Spirituosenspezialität wird aus Korn unter Zusatz von Wacholderbeeren und weiteren erlesenen Gewürzen gebrannt.
Der Name „Gin" hat seinen Ursprung im holländischen „Genever", was wiederum vom französischen „genèvre" für Wacholderbeere abstammt.
Das Rezept für Gordon's London Dry Gin, der bedeutendsten Gin-Marke der Welt, stammt aus dem Jahr 1769. Gordon's London Dry Gin ist nicht nur der meistverkaufte Gin der Welt, sondern wird auch bei Kennern wegen seines gleichbleibend guten Geschmacks geschätzt. Er sollte in keiner gepflegten Hausbar fehlen.
Pimm 's No.1 ist eine klassische Mixspirituose aus England, die aus hochwertigem Gin, Fruchtlikören und Kräutern gemischt ist. Der fruchtig herbe Geschmack macht sie zur idealen Mixbasis für erfrischende Longdrinks.
Die Rezeptur wurde 1840 von James Pimm entwickelt und ist in ihrer genauen Zusammensetzung ein bis heute streng gehütetes Geheimnis.

Cognac oder Weinbrand

Weinbrand ist, je nach Herkunft, ein Destillat aus unterschiedlichen Weinen, das im englischen Sprachraum als „Brandy" bezeichnet wird. Für die Qualität des Weinbrandes ist der Brennvorgang, der Reifeprozeß in Eichenholzfässern und das abschließende Mischen verschiedener Jahrgänge entscheidend. Weinbrand und Cognac werden gerne pur als Digestif aus Schwenkgläsern getrunken, in denen ihr Aroma voll zur Entfaltung kommt. Beide sind daneben Bestandteile unzähliger Cocktails.

Whisky

Whisky ist ein Getreideschnaps, also ein Destillat aus vergorener Getreidemaische, der schon seit dem 15. Jahrhundert hergestellt wird.

Zu den meistverkauften und bekanntesten Scotch-Whisky-Marken gehört „Johnnie Walker", der auf eine über 170jährige Tradition zurückblicken kann. Johnnie Walker ist ein blended Whisky aus Grain (Korn) und Malt (Malz) Whiskies; für Johnnie Walker Red Label Old Scotch Whisky werden z. B. über 40 verschiedene Grundwhiskies gemischt, die mindestens 3 Jahre gelagert wurden.
Scotch Whisky ist sehr anpassungsfähig und schmeckt pur, mit klarem Wasser, mit Sodawasser, auf Eis, mit Cola oder Ginger Ale als Digestif oder als Bestandteil vieler Cocktails.
Bourbon Whiskey ist ein amerikanischer Whiskey, der aus Roggen und Mais destilliert wird, wobei man sich der Verfahren der schottischen und irischen Whiskeybrenner bedient. Bourbon Whiskey wird durch kontinuierliche Destillation gewonnen. Dadurch kann der Charakter des Whiskeys von einem zum nächsten übertragen werden.
In der ältesten amerikanischen Whiskey-Destillerie wird der berühmteste Bourbon Whiskey hergestellt, der Jack Daniel's Tennessee Whiskey. Seine Qualität beruht auf eisenfreiem Quellwasser, auf ausgesuchter Maische aus Mais, Roggen und Gerstenmalz und auf einem speziellen Filterverfahren, bei dem der frisch destillierte Whiskey eine Holzkohleschicht durchlaufen muß. Anschließend wird der Whiskey mindestens 5 Jahre gelagert.
Bourbon Whiskey ist hervorragend zum Mixen geeignet, da er einen weichen Geschmack hat. Daneben kann man ihn pur, auf Eis, mit Sodawasser, Ginger Ale und Limonaden trinken.
Canadian Whisky wird in einem ähnlichen Verfahren wie Bourbon Whisky, allerdings aus speziellen Hefekulturen, die ein sehr reines Destillat ergeben, hergestellt.
Irish Whiskey wird ähnlich wie schottischer Whisky mit ungemälzter Gerste, Weizen, Roggen und Hafer hergestellt.

Rum

Rum ist ein Destillat aus dem reinen Saft des Zuckerrohrs oder aus der Melasse des Zuckerrohrs.
Bacardi Rum wird seit 1862 hergestellt und ist heute die führende Marke auf dem Weltmarkt. Durch ein spezielles Destillationsverfahren und die Lagerung in Weißeichenfässern erreicht Bacardi Rum die typische Weichheit.
Man unterscheidet die Sorten Bacardi Rum Light-Dry, Bacardi Rum Gold und Bacardi Rum Premium Black. Bacardi Rum Light-Dry ist ein weißer Rum, der in ausgebrannten Fässern gelagert wird. Sein Geschmack ist weich, leicht und trocken. Er eignet sich ideal zum Mixen von Longdrinks.
Bacardi Rum Gold ist ein goldfarbener Rum, der in dampfbehandelten Fässern gelagert wird, wodurch die Farb- und Aromastoffe des Holzes auf den Rum übergehen. Sein volles nuanciertes Aroma gibt raffinierten Cocktails mehr Charakter und Geschmack. Auch in Longdrinks mit Cola, Fruchtsäften, Ginger Ale oder Tonic Water ist er sehr zu empfehlen.
Bacardi Rum Premium Black hat einen kräftigen, vollaromatischen und dennoch milden Geschmack sowie eine dunkle Farbe, die er vom Holz der Fässer annimmt. Pur ist dieser Rum ein Geschmackserlebnis, aber auch in Longdrinks und anderen Cocktails kommt sein Geschmack voll zur Geltung.

Vermouth

Vermouth zählt zu den weinhaltigen Spirituosen. Er ist ein mit Auszügen von Wermut und anderen Kräutern verfeinerter Weißwein, der ursprünglich aus Italien stammt. Es gibt ihn in den Geschmacksrichtungen „süß" und „trocken" zu kaufen. Süßer Vermouth ist unter den Bezeichnungen „Rot" und „Rosé" erhältlich, trockener unter den Bezeichnungen „Dry" und „Extra Dry". Vermouth wird als Aperitif pur gut gekühlt im Südweinglas auf einigen Eiswürfeln serviert. Vermouth wird aber auch in unzähligen Cocktails gemixt, wobei meistens Vermouth Rot verwendet wird.

Champagner und Sekt

Sekt und Champagner sind prickelnde Schaumweine; Champagner wird ausschließlich aus Weinen der Champagne, Sekt dagegen aus Weinen anderer Anbaugebiete hergestellt. Beide sind unglaublich vielfältig – sie schmecken nicht nur von morgens bis abends, sondern lassen sich auch ausgezeichnet für die verschiedensten Cocktails mit anderen Zutaten mischen.

Wodka

Das „Wässerchen" stammt ursprünglich aus Polen und ist heute aus der Cocktail-Welt nicht mehr wegzudenken. Denn Wodka ist ein reines, weiches, neutral schmeckendes Destillat aus Roggen, Gerste, Weizen oder Kartoffeln, das vor allem in Polen, Rußland und Finnland hergestellt wird. Man trinkt ihn gut gekühlt pur, auf Eis, mit Tonic Water oder gemixt mit Fruchtsäften oder Limonaden.

Campari

Dieser Aperitif wird seit Mitte des 19. Jahrhunderts in Italien aus einer Mischung von Kräutern und Wurzeln, Alkohol und destilliertem Wasser hergestellt. Er hat ein herb-süßes Aroma, das vielseitig zum Mixen eingesetzt werden kann. Seine rote Farbe macht sich aber auch pur, auf Eis und mit Orangensaft oder Tonic Water gemixt sehr gut.

Sherry

Die Weine für Sherry werden im Südwesten Spaniens um die Stadt Jerez herum angebaut, woher dieser Südwein seinen Namen hat. Sherry wird gut gekühlt pur als Aperitif getrunken. Zum Mixen eignet sich besonders Sherry Fino.

Obstbrände

Obstbrände sind Destillate, z. B. aus Kirschen, Birnen oder Himbeeren, die sich zum Mixen feinster Drinks eignen. Edel-Obstbrände aus dem Hause Rouyer sind Obstbrände von bester Qualität. Diese Original Elsässer Obstbrände (Eau de Vie) schmecken pur als Digestif (in einem Schwenk- oder Likörglas serviert) und in Cocktails gemixt.

Liköre

Liköre sind süße, mit Fruchtsäften, Kräutern oder anderen Aromagebern aromatisierte Branntweine, die mindestens 10% Zucker und 20% Alkohol enthalten müssen. Besonders die farbenfrohen Liköre wie Curaçao Blue, Parfait d'Amour oder Chartreuse Gelb sind für das Mixen von Longdrinks mit leichterem Alkoholgehalt unentbehrlich.
Man unterscheidet Edelliköre, die pur möglichst in einer großen Schwenkschale serviert werden, und Tafelliköre, die in einem kleinen Schwenk- oder einem Likörglas serviert werden.
Zu den Edellikören zählt Drambuie Prince Charles Edward's Liqueur aus Schottland. Die Basis von Drambuie ist Scotch Whisky, der mit ausgesuchten Kräutern und schottischem Heidehonig aromatisiert wird. Drambuie ist ein weltberühmter Klassiker, der pur oder gemixt getrunken wird.
Auch Southern Comfort Liqueur zählt zu den Edellikören und stammt aus New Orleans, wo er vor gut 130 Jahren kreiert wurde. Amerikanischer Whisky wird mit der Fülle der Früchte und Kräuter der Südstaaten aromatisiert und kann pur, auf Eis, in Cocktails oder erfrischenden Longdrinks genossen werden. Eine weitere interessante Likörspezialität ist der italienische Sambuca, ein Likör auf der Basis von Holunderbeere und Anis. Sambuca schmeckt pur als Aperitif oder Digestif, auf Eis oder in Longdrinks.

Das macht den Drink erst rund – die Zutaten

Fruchtsäfte, Limonaden und Mineralwasser

Kommen wir nun zu den vielen Zutaten, die die Spirituosen erst richtig interessant machen und für das Gelingen des Cocktails oft genauso wichtig und unentbehrlich sind. Wir brauchen nicht nur Champagner, Gin, Vermouth oder Whisky, sondern ebenso Limonaden, Cola-Getränke und Fruchtsäfte. Zu den Limonaden zählen auch Tonic Water, Bitter Lemon, Ginger Ale, Cola und Fruchtlimonaden. Natürlich nehmen wir, falls erforderlich, frisch gepreßten Orangen-, Grapefruit- oder Zitronensaft und keinen aus Dose oder Glas. Bei Tomatensaft ist das etwas anderes, und manche Drinks sehen auch Ananas- oder Maracujasaft vor. Zum Auffüllen dient natürliches Mineralwasser.

Süß-sauer oder bitter-scharf

Zum Grundstock einer Hausbar gehören Aromageber, also Sirups, sogenannte Mixbitter und die bekannte Cream of Coconut. Zuckersirup und Grenadinesirup geben den Cocktails die begehrte Süße. Grenadinesirup wird aus Granatäpfeln gewonnen, einer köstlichen Frucht, die freilich die Kleinigkeit von 613 Kernen haben soll und deswegen als Fruchtbarkeitssymbol gilt. Kein Wunder aber, daß da der Saft beliebter ist als die Frucht. Er hat außerdem eine schöne rote Farbe und ist deshalb für viele Mischungen sehr beliebt. Auch Lime Juice (ein Limonensirup) ist in vielen Cocktails anstelle von Zuckersirup und Zitronensaft enthalten. Cream of Coconut ist ein Kokosnußkonzentrat von cremiger oder dickflüssiger Konsistenz, das vor allem in exotischen Longdrinks gebraucht wird.

Bei den Mixbitter ist vor allem Angostura unentbehrlich. Dieses Bitter wird aus den Auszügen vieler Kräuter und in einem ähnlichen Verfahren wie bei der Vermouth-Herstellung gewonnen. Es ist für viele klassische Cocktails unentbehrlich. In einigen Drinks wird Orange Bitter verwendet, ein Extrakt aus der Schale von Pomeranzen.

Die süßen Früchtchen

Besonders wichtig sind frische, einwandfreie Früchte, damit Cocktails gelingen. Orangen, Zitronen, Limonen und Grapefruits sollen immer unbehandelte Schalen haben (notfalls die Früchte gründlich unter heißem Wasser abspülen). Von diesen Zitrusfrüchten wird die Schale, das Fruchtfleisch und der Saft verwendet, und zwar im Cocktail oder als Dekoration.

Da sauer bekanntlich nicht nur lustig macht, sondern auch erfrischt, werden viele Drinks mit Zitronenschale abgespritzt, also quasi parfümiert. Ein etwa daumengroßes Stück von der Schale wird über dem Glas geknickt und etwas ausgedrückt, anschließend gibt man die Schale in das Glas. Außerdem nehmen viele Drinks das Zitrus-

fruchtaroma auf, entweder in Form von frisch gepreßtem Saft, oder man gibt ganze oder halbe Fruchtscheiben zum Schluß in den Cocktail.

Bananen, Erdbeeren, Himbeeren, Pfirsiche und Ananas dienen ebenfalls zu Dekorationszwecken, werden aber auch in den Drinks selbst verwendet, indem man diese Früchte mit den übrigen Zutaten püriert oder den Cocktail mit ganzen Fruchtstücken anreichert.

Eier, Schlagsahne und Milch sind die Grundlage für cremige, süße Drinks.

An Gewürzen benötigt man Salz (auch Selleriesalz), frisch gemahlenen Pfeffer und geriebene Muskatnuß. Geriebene Muskatnuß gibt z.B. cremigen Drinks mit Sahne den letzten Schliff. Tabasco- oder Worcestershiresoße sorgen bei manchen scharfen Sachen für die nötige Würze.

Für Hot Drinks schließlich braucht man auch Kaffee und Tee. Beide sollten immer stark und sehr heiß verwendet werden.

Und zu guter Letzt brauchen wir auch Oliven, die z.B. im Martini nicht fehlen dürfen. „Lange Zeit", meinte Frank Sinatra einmal versonnen, seien diese Oliven, „die einzige feste Nahrung gewesen, die ich zu mir genommen habe".

Tips aus der Trickkiste großer Barmixer

Die Arbeit eines Barmixers sieht geheimnisvoller aus, als sie eigentlich ist. Sie werden sehen, es ist gar nicht so schwer, Ihre Gäste mit den richtigen Drinks in angenehme Stimmung zu bringen. Denn eigentlich brauchen Sie sich nur vier verschiedene Grundzubereitungsarten zu merken. Drinks können direkt im Trinkglas angerichtet werden. Oder sie werden im Rührglas gerührt und dann in das Trinkglas abgeseiht. Oder sie werden geschüttelt, was entweder im Shaker oder im Elektromixer geschehen kann. Wenn Sie da aufpassen, kann gar nichts schiefgehen und bald brauchen Sie auch einen Experten wie, sagen wir James Bond nicht zu fürchten, der seinen Martini nur handgeschüttelt und niemals gerührt mochte.
Grundsätzlich gilt: Alle Cocktails, außer natürlich den Hot Drinks, müssen eiskalt sein, denn nichts ist schlimmer als ein lauwarmes Getränk. Halten Sie also für eine Cocktailparty

eine ausreichende Menge Eis vorrätig. Mit dem Eis sollte man sorgfältig umgehen. Eiswürfel sollen möglichst frisch und trocken sein. Nicht zu kalt, damit im Glas nichts abplatzt und den Cocktail verwässert. Und natürlich nicht zu warm, damit nichts schmilzt. Schmelzwasser aus Shaker, Elektromixer oder Rührglas dringend abgießen, bevor die Zutaten hineingegeben werden, denn nichts fürchtet der passionierte Cocktail-Trinker mehr, als daß der Cocktail mit Wasser in Berührung kommt.

Für zerstoßenes Eis ein Geschirrtuch auf eine Arbeitsfläche legen. Auf der einen Hälfte des Tuches Eiswürfel verteilen, die andere Hälfte des Tuches darüberschlagen. Die Eiswürfel mit einem Fleischklopfer oder Holzhammer durch kräftiges Schlagen zerkleinern. Die Eismasse direkt in den Shaker oder die Trinkgläser geben. Und noch ein Tip zum Thema Eis: Die Würfel werden glasklar, wenn man sie aus abgekochtem Wasser herstellt. Da auch das Auge mittrinkt, lohnt sich die kleine Mühe.

Drinks sollten Sie nie auf Vorrat mixen, sondern immer frisch und nur für ein, maximal zwei Gläser zubereiten. Beim Mixen ist folgende Reihenfolge am günstigsten: Zuerst die Eiswürfel in das Rühr- oder Trinkglas oder in den Shaker geben. Dann mit Sirup, Mixbitter, Säften, Sahne oder Vermouth beginnen. Zuletzt die teureren Zutaten wie Spirituosen und Liköre dazugeben.

Ein paar Maßeinheiten sollten Sie im Kopf haben: Ein Spritzer, auch Dash genannt, entspricht etwa 1 ml oder der Menge, die z.B. bei einmaligem Umdrehen aus einer Angosturaflasche schießt. 1 Barlöffel (= 1 Teelöffel) faßt etwa 5 ml, und ein Schuß entspricht etwa 10 ml oder 2 Barlöffeln.

Bevor es jetzt mit der Cocktailparty losgeht, noch ein Tip: Eine Auswahl von zehn Drinks ist angemessen, denn das überfordert weder Sie noch Ihre Gäste. Wenn Sie Ihre Cocktailparty nicht unter ein bestimmtes Motto gestellt haben („Karibische Nacht" zum Beispiel), sollten Sie Klassiker, Long- und Shortdrinks, Creams vorbereiten und für die armen Autofahrer natürlich auch alkoholfreie Cocktails. Dann ist für jeden Geschmack etwas dabei.

Dekoration: Das Auge trinkt mit

Einfallsreiche Dekorationen sind das einladende und appetitanregende Tüpfelchen auf dem „i" eines Drinks.

Zum dekorativen Zubehör zählen phantasievoll geformte Löffel (auch Stirer genannt), die zum Umrühren von Longdrinks dienen. Außerdem gibt es Stirer, mit denen man Früchte, z.B. die berühmten Cocktailkirschen, aufspießen kann. Trinkhalme in den verschiedensten Farben, Formen und Längen geben dem Cocktail ebenfalls einen gewissen Pfiff. Viele Longdrinks, z.B. der berühmte Campari-Orange, werden mit Trinkhalm serviert, jedoch nicht im Drink selbst, sondern in einem dafür vorgesehenen Behälter.

Wenn wir uns doch schon die Mühe gemacht haben, Früchte kleinzuschneiden und den Drinks beizugeben, dann wollen wir sie ja auch genießen, fruchtig und mit Alkohol vollgesogen. Also brauchen wir Spießchen.
Andere Drinks wiederum sehen regelrechte Fruchtspieße vor. Dafür werden verschiedene Fruchtstücke (meistens Cocktailkirschen, Orangenscheiben, Ananasstücke, Bananenscheiben usw.) in einer bunten Folge aufgespießt. Den Spieß kann man quer über das Glas legen oder schräg in das Glas stellen. Fruchtstücke können auch ohne Spieß an den Glasrand gesteckt werden. Dafür z.B. Zitronen- oder Limonenscheiben etwas einschneiden und am Glasrand befestigen.

Für Fruchtspiralen eignen sich am besten Früchte mit festem Fruchtfleisch und fester Schale (z.B. Orangen), von denen die Schale dünn abgeschält wird. Die Spirale dann über den Glasrand hängen. An den Glasrand werden auch Minzezweige oder Zitronenmelisseblättchen gesteckt. Und schließlich kann der Glasrand auch besonders schön mit einem Crustarand verziert werden. Dafür wird der Glasrand zuerst in die im Rezept angegebene Flüssigkeit und anschließend in weißen, braunen oder bunten Zucker oder in Kokosraspel getaucht.

In Cocktails sind außerdem sogenannte Fancy Ice Cubes ein optischer Genuß. Dafür wird z.B. Waldmeistersirup oder Grenadinesirup mit stillem Mineralwasser verdünnt und in verschiedene Eiswürfelbehälter gefüllt. Oder Kirschen mit Stiel, Zitronenscheibchen und Melissenzweige werden in Eiswürfelformen gegeben, mit stillem Mineralwasser aufgefüllt und anschließend im Tiefkühlfach gefroren.

Die Krönung von süßen Sahnedrinks wie Creams, Flips und Egg Nogs kann eine Haube aus geschlagener Sahne sein, über die Muskatnuß, gemahlener Zimt oder Kakaopulver gestreut wird.

Aperitifs

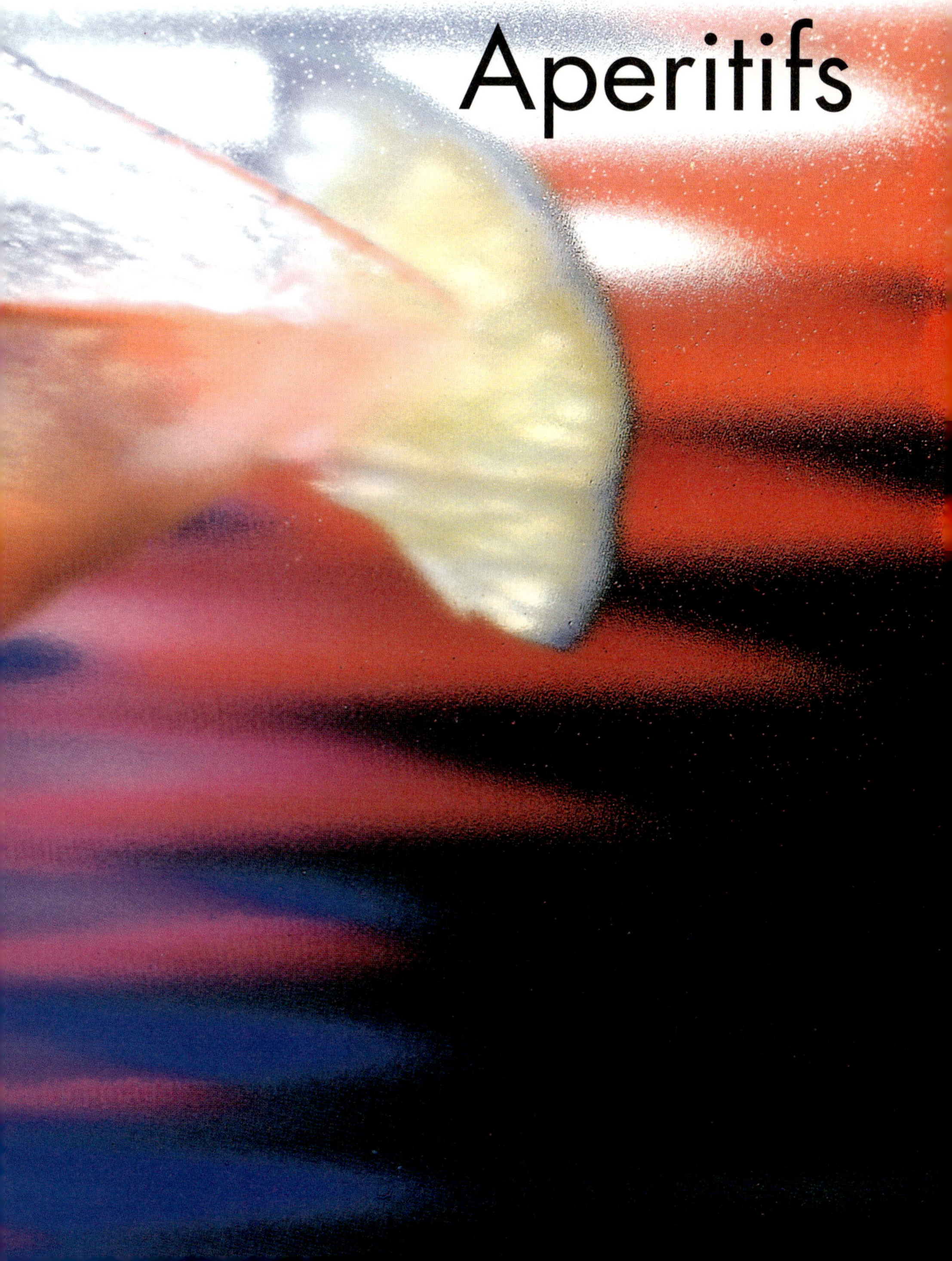

Salute

(Foto Seite 22/23)

4 cl Vermouth Weiß
2 cl Vermouth Rot
1 cl Gordon's Dry Gin
1 cl Campari
1 cl schwarzer Johannisbeersirup
4 cl Sodawasser
Maracujasaft

Zum Dekorieren:
1 Orangenscheibe
1 Zitronenscheibe
1 Limettenscheibe
(alle unbehandelt)

Einige Eiswürfel in einen Shaker geben. Vermouth, Gin, Campari und Johannnisbeersirup hinzufügen und schütteln. Mit dem Sodawasser auffüllen, evtl. mit Maracujasaft auffüllen. 2–3 Eiswürfel in ein Cocktailglas geben, den Drink in das Glas abseihen. Das Glas mit Orangen-, Zitronen- und Limettenscheibe garnieren.

Charly's Cocktail

3 cl Johnnie Walker Red Label Scotch Whisky
2 cl Apricot-Brandy
1 cl Zitronensaft
2 Spritzer Orangenbitter
1 Cocktailkirsche

Einige Eiswürfel in einen Shaker geben. Whisky, Apricot-Brandy, Zitronensaft und Orangenbitter hinzufügen und schütteln. In ein Cocktailglas abseihen und die Kirsche hinzufügen.

TIP

Aperitifs werden nicht mit Trinkhalmen serviert.

Star Cocktail

4 cl Calvados
2 cl Vermouth Rot
1 Spritzer Angostura
etwas Zitronenschale (unbehandelt)
1 Olive

Einige Eiswürfel in ein Rührglas geben. Calvados, Vermouth und Angostura hinzufügen, rühren und in ein Cocktailglas abseihen. Mit Zitronenschale abspritzen. Die Olive in das Glas geben.

Bobby Burns

2 Spritzer Bénédictine
1 cl Vermouth Rot
1 cl Vermouth Dry
4 cl Johnnie Walker Red Label Scotch Whisky
Zitronenschale (unbehandelt)

Einige Eiswürfel in ein Rührglas geben. Bénédictine, Vermouth und Whisky hinzufügen, rühren und in ein Cocktailglas abseihen. Mit Zitronenschale abspritzen.

Cardinal

2 cl Gordon's Dry Gin
2 cl Campari
2 cl Vermouth Dry
etwas Zitronenschale (unbehandelt)

Einige Eiswürfel in ein Rührglas geben. Gin, Campari und Vermouth hinzufügen, rühren und in eine Cocktailschale abseihen. Mit der Zitronenschale abspritzen und die Schale mit in das Glas geben.

Golden Bell No. 1

2 Tropfen Angostura
2 Tropfen Orangenbitter
1 cl Sherry
4 cl Gordon's Dry Gin
1 Cocktailkirsche

Einige Eiswürfel in einen Shaker geben. Angostura, Orangenbitter, Sherry und Gin dazugeben, schütteln und in ein Cocktailglas abseihen. Die Kirsche hinzufügen.

Wodka Gibson

(Foto rechts)

5 cl Wodka
1 cl Vermouth Dry
2–3 Perlzwiebeln
etwas Zitronenschale (unbehandelt)

Einige Eiswürfel in ein Rührglas geben. Wodka und Vermouth hinzufügen, rühren und in ein Cocktailglas abseihen. Die Perlzwiebeln hineingeben, mit Zitronenschale abspritzen.

Ideal Cocktail

4 cl Gordon's Dry Gin
1 cl Vermouth Dry
3 Spritzer Maraschino-Likör
1/2 Barlöffel Zitronensaft
1/2 Barlöffel Grapefruitsaft

Einige Eiswürfel in einen Shaker geben. Gin, Vermouth, Maraschino-Likör, Zitronensaft und Grapefruitsaft hinzufügen, gut schütteln und in ein Cocktailglas abseihen.

Appetizer Cocktail

2 Spritzer Angostura
2 cl Orangensaft
2 cl Gordon's Dry Gin
2 cl Vermouth Rot

Einige Eiswürfel in einen Shaker geben. Angostura, Orangensaft, Gin und Vermouth hinzufügen, schütteln und in ein gekühltes Cocktailglas abseihen.

Campari Shakerato
(Foto Seite 27 links)

5 cl Campari
3 Eiswürfel

Campari und Eiswürfel in einen Shaker geben, gut schütteln, in gekühlte Gläser abseihen, sofort servieren.

TIP
Durch das kräftige Schütteln steigt im Glas eine attraktive Schaumkrone auf.

Campari Angelo
(Foto Seite 27 rechts)

3 cl Campari
2 cl Ananassaft
2 cl Orangensaft
1 cl Vermouth Dry
1 Cocktailkirsche

Einige Eiswürfel in einen Shaker geben. Campari, Ananassaft, Orangensaft und Vermouth hinzufügen, gut schütteln, in eine vorgekühlte Cocktailschale abseihen. Die Cocktailkirsche in das Glas geben.

Romeo und Julia
(Foto Seite 27 hinten)

2 cl Campari
5 cl Soave Classico
(trockener Weißwein)
1 Spritzer Zitronensaft

Campari in ein gekühltes Weißweinglas geben, mit dem Soave Classico auffüllen. Den Zitronensaft hinzufügen.

TIP
Aperitifs werden zur Anregung und Einstimmung vor einem Menü gereicht. Sie sollen daher leicht und appetitanregend sein.

CAMPAR

Vermouth Cassis

4 cl Vermouth Dry
2 cl Crème de Cassis
etwas Zitronenschale (unbehandelt)
Sodawasser

2–3 Eiswürfel in ein Cocktailglas geben. Vermouth und Crème de Cassis hinzufügen, rühren, mit Zitronenschale abspritzen und mit etwas Sodawasser auffüllen.

Alaska Cocktail

2 Spritzer Orangenbitter
4 cl Gordon's Dry Gin
1 cl Chartreuse Gelb

Einige Eiswürfel in ein Rührglas geben. Orangenbitter, Gin und Chartreuse hinzufügen, rühren und in ein Cocktailglas abseihen.

Viva Villa
(Foto Seite 28/29 links)

Für den Crustarand:
Zitronensaft
Salz

Saft von 1 Limette
oder 1/2 Zitrone
1 Barlöffel Eiweiß
1 Barlöffel Puderzucker
4 cl Tequila

Eine Sektschale mit dem Rand zuerst in Zitronensaft, dann in Salz tauchen. 3–4 Eiswürfel in einen Shaker geben, Limetten- oder Zitronensaft, Eiweiß, Zucker und Tequila hinzufügen, gut schütteln, in die Sektschale abseihen.

Welcome

1 cl Amaretto
2 cl Gordon's Dry Gin
1 cl Vermouth Noilly Prat

Einige Eiswürfel in einen Shaker geben. Amaretto, Gin und Vermouth hinzufügen, schütteln und in ein kleines Cocktailglas abseihen.

Bacardi Martini
(Foto Seite 28/29 rechts)

3 cl Bacardi Rum Light-Dry
2 cl Vermouth Dry
1 grüne Olive

Einige Eiswürfel in ein Rührglas geben. Rum und Vermouth dazugeben, rühren und in ein Cocktailglas abseihen. Die Olive hineingeben.

Digestifs

Champagner Fizz

(Foto Seite 30/31)

Saft von 1/2 Zitrone
2 cl Grenadinesirup
4 cl trockener Weißwein
Champagner

Zum Garnieren:
1 Zitronenscheibe (unbehandelt)

Einige Eiswürfel in einen Shaker geben. Zitronensaft, Grenadinesirup und trockenen Weißwein hinzufügen und gut schütteln. In ein Longdrinkglas abseihen und mit dem Champagner auffüllen. Den Cocktail mit der Zitronenscheibe garnieren.

Bernardino

3 cl Amaretto
3 cl Cognac
1 cl Vermouth Dry
1 Cocktailkirsche

Einige Eiswürfel in einen Shaker geben. Amaretto, Cognac und Vermouth hinzufügen, gut schütteln und in ein Cocktailglas seihen. Die Cocktailkirsche hineingeben.

Tip

Dieser Drink trägt den Namen von Bernardino Luini, dem Renaissance-Maler, der in Saronno das Amaretto-Rezept geschenkt bekommen haben soll.

Southern Sunset

2 cl Southern Comfort
2 cl Bacardi Rum Light-Dry
1 cl Grapefruitsaft
2 Spritzer Grenadinesirup

Einige Eiswürfel in einen Shaker geben. Southern Comfort, Rum, Grapefruitsaft und Grenadinesirup hinzufügen, schütteln und in ein Cocktailglas abseihen.

Shark's Tooth

2 cl Crème de Cassis
1 cl Orangenlikör
1 cl Vermouth Rosé
Tonic Water

2–3 Eiswürfel in einen Shaker geben. Crème de Cassis, Orangenlikör und Vermouth hinzufügen, gut schütteln, in ein Cocktailglas abseihen, mit etwas Tonic Water auffüllen.

Tipperary Cocktail

2 cl Irish Whiskey
2 cl Chartreuse Grün
2 cl Vermouth Rot

Einige Eiswürfel in ein Rührglas geben. Whiskey, Chartreuse und Vermouth hinzufügen, rühren und in ein Cocktailglas abseihen.

Butterfly Flip

(Foto unten)

1 Eigelb
1 EL Schlagsahne
3 cl Cognac
3 cl Crème de Cacao Braun

Zum Bestäuben:
Kakaopulver

Einige Eiswürfel in einen Shaker geben. Eigelb, Sahne, Cognac und Crème de Cacao hinzufügen, gut schütteln und in ein Cocktailglas abseihen. Mit etwas Kakaopulver bestäuben.

Tip

Flips dürfen nicht zu lange geschüttelt werden, weil sie sonst zu stark verwässern. Nach der Fertigstellung sollte der Flip sofort serviert werden, weil er abgestanden unappetitlich aussieht und an Geschmack verliert. Flips schmecken auch am frühen Vormittag oder zum Nachmittags-Tee.

Snow Ball
(Foto rechts)

4 cl Wodka
2 cl Amaretto
2 cl Schlagsahne
geriebene Muskatnuß

Einige Eiswürfel in einen Shaker geben. Wodka, Amaretto und Sahne hinzufügen, gut schütteln und in ein Whiskyglas abseihen. Mit etwas geriebener Muskatnuß bestreuen.

American Amaretto

3 cl Amaretto
2 cl Jack Daniel's Tennessee Whiskey
3 Spritzer Crème de Menthe Weiß
1/4 Orangenscheibe (unbehandelt)

Zum Garnieren:
1 Minzezweig

Einige Eiswürfel in ein Rührglas geben. Amaretto, Whiskey und Crème de Menthe hinzufügen, rühren und in ein kleines Cocktailglas abseihen. Orangenscheibe hinzufügen und mit dem Minzezweig garnieren.

Rosemary's Baby

3 cl Pisang Ambon
1 cl Amaretto
2 cl Schlagsahne
1 grüne Cocktailkirsche

Einige Eiswürfel in einen Shaker geben. Pisang Ambon, Amaretto und Sahne hinzufügen, gut schütteln und in eine Cocktailschale abseihen. Die Cocktailkirsche in das Glas geben.

Originale of Italy

2 cl Amaretto
2 cl Vermouth Rot
2 cl Weinbrand

Zum Garnieren:
1/2 Orangenscheibe
1/2 Zitronenscheibe
(beide unbehandelt)

Einige Eiswürfel in ein Whiskyglas geben. Amaretto, Vermouth und Weinbrand hinzufügen, rühren und mit Orangen- und Zitronenscheibe garnieren.

Nicola

2 cl Amaretto
2 cl Crème de Cacao Weiß
2 cl Schlagsahne
etwas Grenadinesirup

Einige Eiswürfel in einen Shaker geben. Amaretto, Crème de Cacao und Sahne hinzufügen und schütteln. Etwas Grenadinesirup in ein Kelchglas geben und durch Drehen im Glas verteilen. Den Cocktail in das Glas abseihen.

Manetti

1 cl Gordon's Dry Gin
1 cl Calvados
1 cl Orangenlikör
1 Spritzer Grenadinesirup
1 Spritzer Zitronensaft
2 cl Schlagsahne

2–3 Eiswürfel in einen Shaker geben. Gin, Calvados, Orangenlikör, Grenadinesirup, Zitronensaft und Sahne hinzufügen, gut schütteln, in ein Cocktailglas abseihen.

Blue Angel

(Foto unten)

1 cl Curaçao Blue
2 cl Parfait d'amour
1 cl Rouyer Elsässer Obstbrand Kirsch
2 cl Schlagsahne

Ritz

2 cl Orangenlikör
1 cl Orangensaft
1 cl Orangensirup
Sekt

2–3 Eiswürfel in einen Shaker geben. Curaçao Blue, Parfait d'amour, Obstbrand Kirsch und Sahne in einen Shaker geben, gut schütteln, in ein Cocktailglas abseihen.

2–3 Eiswürfel in einen Shaker geben. Orangenlikör, Orangensaft und Orangensirup hinzufügen, gut schütteln, in ein Sektglas abseihen, mit Sekt auffüllen.

Capri

2 cl Crème de Cacao Weiß
2 cl Bananenlikör
2 cl Schlagsahne
geriebene Muskatnuß

Einige Eiswürfel in einen Shaker geben. Crème de Cacao, Bananenlikör und Sahne hinzufügen, gut schütteln und in ein Sektglas abseihen, etwas geriebene Muskatnuß darüber geben.

Café de Paris

3 cl Gordon's Dry Gin
1 cl Molinari Sambuca
2 cl Schlagsahne

Einige Eiswürfel in einen Shaker geben. Gin, Sambuca und Sahne hinzufügen, schütteln und in ein kleines Cocktailglas abseihen.

Tip

Substanzen wie Schlagsahne, die sich schwer verbinden, werden im Shaker auf Eiswürfel 10 bis 20 Sekunden kräftig geschüttelt.

Green Devil

3 cl Gordon's Dry Gin
3 cl Crème de Menthe Grün
1 Barlöffel Lime Juice
1 Minzezweig

Einige Eiswürfel in einen Shaker geben. Gin, Crème de Menthe und Lime Juice hinzufügen, schütteln und mit dem Eis in ein Whiskyglas geben. Den Minzezweig hinzufügen.

Casino

4 cl Gordon's Dry Gin
2 cl Orangenlikör
1 cl Zitronensaft
1 Spritzer Angostura
1 Cocktailkirsche

Einige Eiswürfel in einen Shaker geben. Gin, Orangenlikör, Zitronensaft und Angostura hinzufügen, schütteln und in eine Cocktailschale abseihen. Die Kirsche hinzufügen.

Ferrari Cocktail

4 cl Vermouth Weiß
2 cl Amaretto
etwas abgeriebene Zitronenschale (unbehandelt)

Einige Eiswürfel in einen Shaker geben. Vermouth, Amaretto und Zitronenschale hinzufügen, schütteln und in eine Cocktailschale abseihen.

Daiquiri Cocktail

4 cl Bacardi Rum Light-Dry
1 Barlöffel Puderzucker
1 Barlöffel Zitronensaft
1 Barlöffel Grapefruitsaft
1 Barlöffel Maraschino-Likör

Einige Eiswürfel in einen Shaker geben. Rum, Puderzucker, Zitronensaft, Grapefruitsaft und Maraschino-Likör hinzufügen, schütteln und in ein Cocktailglas abseihen.

Plaisir

3 cl Bacardi Rum Ligth-Dry
2 cl Peach-Brandy
1 Barlöffel Orangensaft
1 Barlöffel Zitronensaft
1 Spritzer Angostura
1 Cocktailkirsche

Einige Eiswürfel in einen Shaker geben. Rum, Peach-Brandy, Orangensaft, Zitronensaft und Angostura hinzufügen, schütteln und in ein Cocktailglas abseihen. Die Cocktailkirsche mit hineingeben.

Green Wings

4 cl Apricot-Brandy
2 cl Curaçao Blue
1 Spritzer Zitronensaft
4 cl Schlagsahne

Einige Eiswürfel in einen Shaker geben. Apricot-Brandy, Curaçao, Zitronensaft und Schlagsahne hinzufügen und gut schütteln. In eine Cocktailschale abseihen.

Flamingo

(Foto rechts)

Für den Crustarand:
Zitronensaft
rosa Zucker

4 cl Gordon's Dry Gin
2 cl Apricot-Brandy
2 cl Zitronensaft
1 Barlöffel Grenadinesirup

Eine Sektschale mit dem Rand zuerst in den Zitronensaft, dann in rosa Zucker tauchen. Einige Eiswürfel in einen Shaker geben. Gin, Apricot-Brandy, Zitronensaft und Grenadinesirup hinzufügen, schütteln und in die Sektschale abseihen.

Tip

Crustaränder sind sehr effektvoll und können, da sie einige Zeit halten, gut vorbereitet werden.

Klassiker

Martini

(Foto Seite 40/41)

4 cl Gordon's Dry Gin
1 cl Vermouth Dry
1 grüne Olive
Zitronenschale (unbehandelt)

Einige Eiswürfel in einen Rührbecher geben. Gin und Vermouth hinzufügen, umrühren. In ein gekühltes kleines Cocktailglas abseihen. Die Olive hineingeben, mit Zitronenschale abspritzen.

Tip

Martini ist wohl der berühmteste Cocktail überhaupt, der in Amerika im 19. Jahrhundert erfunden wurde und von dort aus seinen Siegeszug über die ganze Welt antrat. Von sweet über medium bis zu dry waren seine Geschmacksvarianten. Heute trinkt man ihn hauptsächlich „dry". Wie trocken ein Martini ist, hängt vom Mischungsverhältnis Gin : Vermouth ab. Probieren Sie selbst, wie Sie diesen Klassiker mögen. Zur Erinnerung: Dieser Cocktail darf nie geschüttelt werden, sondern er wird immer im Rührbecher mit 2–3 trockenen Eiswürfeln gerührt.

Beau Rivage

2 cl Bacardi Rum Light-Dry
2 cl Vermouth Dry
2 cl Vermouth Rot
1 Spritzer Grenadinesirup
2 cl Orangensaft

Zum Garnieren:
1/4 Orangenscheibe (unbehandelt)
1 Cocktailkirsche

Einige Eiswürfel in einen Shaker geben. Rum, Vermouth, Grenadinesirup und Orangensaft hinzufügen, gut schütteln und in eine vorgekühlte Cocktailschale abseihen. Mit Orangenscheibe und Cocktailkirsche garnieren.

Margarita

Für den Crustarand:
Zitronensaft
Salz

4 cl Tequila
1 cl Orangenlikör
1 cl Zitronensaft

Ein Cocktailglas mit dem Rand zuerst in den Zitronensaft, dann in das Salz tauchen. Einige Eiswürfel in einen Shaker geben. Tequila, Orangenlikör und Zitronensaft hinzufügen, schütteln und in das Glas abseihen.

John Collins

Saft von 1 Zitrone
1 Barlöffel Puderzucker
6 cl Genever

Einige Eiswürfel in einen Shaker geben. Zitronensaft, Puderzucker und Genever hinzufügen, schütteln und mit dem Eis in ein Longdrinkglas geben.

Malayen Sling

Saft von 1 Zitrone
1/2 Barlöffel Puderzucker
5 cl Gordon's Dry Gin
1 cl Cherry-Brandy
1 Spritzer Angostura
1 cl Bénédictine

Einige Eiswürfel in einen Shaker geben. Zitronensaft, Zucker, Gin, Cherry-Brandy und Angostura hinzufügen, schütteln und mit dem Eis in ein Longdrinkglas geben. Den Bénédictine darüber gießen.

Side Car

(Foto rechts)

2 cl Orangenlikör
4 cl Cognac
1 cl frisch gepreßter Zitronensaft

Einige Eiswürfel in einen Shaker geben. Orangenlikör, Cognac und Zitronensaft hinzufügen. Gut schütteln und in ein vorgekühltes Cocktail- oder Sektglas abseihen.

Tip

Perfekt serviert werden Klassiker wie der Side Car in dünnwandigen farblosen Gläsern und ganz schlicht ohne Garnitur.

Planter's Punch

(Foto rechts)

6 cl Bacardi Rum Light-Dry
Saft von 1/2 Zitrone
1 Barlöffel Grenadinesirup
frisch gepreßter Orangensaft

Zum Garnieren:
1 Orangenscheibe (unbehandelt)
1 Minzezweig

Einige Eiswürfel in ein Longdrinkglas geben. Rum, Zitronensaft und Grenadinesirup hinzufügen und umrühren. Mit Orangensaft auffüllen, mit der Orangenscheibe und dem Minzezweig garnieren.

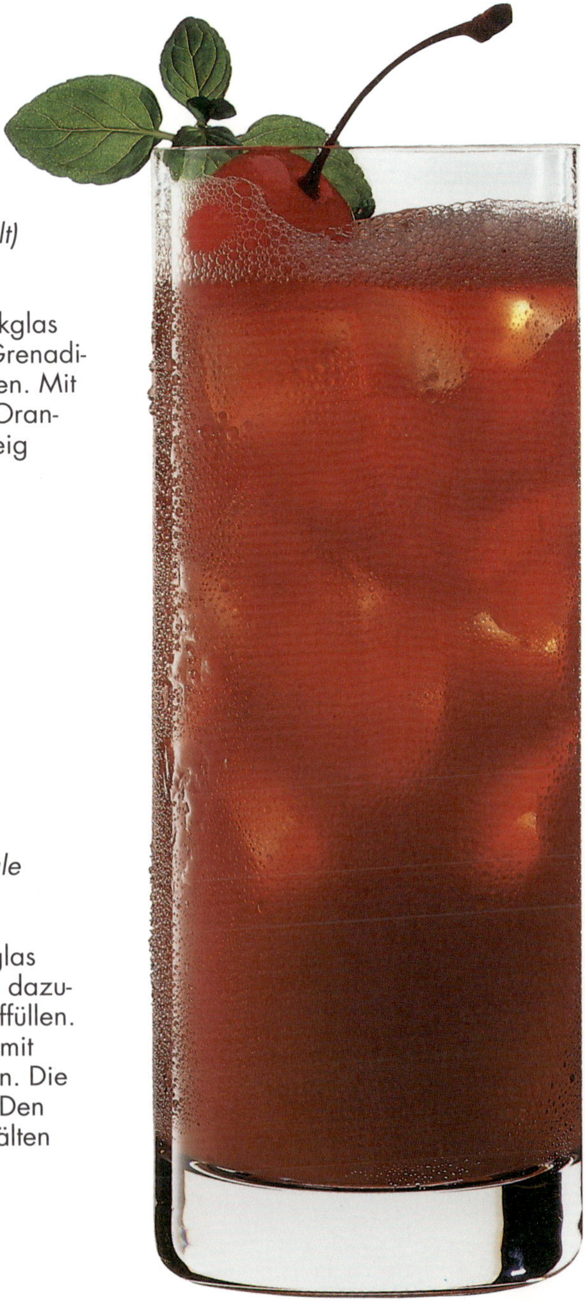

Americano

3 cl Campari
3 cl Vermouth Rot
Sodawasser
Zitronenschale (unbehandelt)

Zum Garnieren:
dünn abgeschälte Zitronenschale (unbehandelt)

3–4 Eiswürfel in ein Longdrinkglas geben. Campari und Vermouth dazugießen und mit Sodawasser auffüllen. Mit einem Barlöffel rühren und mit etwas Zitronenschale abspritzen. Die Schale mit in das Glas geben. Den Cocktail mit der dünn abgeschälten Zitronenschale garnieren.

Hot Brandy Flip

1 Ei
1 Barlöffel Puderzucker
4 cl Weinbrand
heiße Milch
geriebene Muskatnuß

Das Ei mit Puderzucker und Weinbrand gut verschlagen, in ein vorgewärmtes Punschglas geben und mit heißer Milch auffüllen. Mit geriebener Muskatnuß bestreuen.

Black Velvet

1 cl Stout (dunkles englisches Bier)
1 cl Champagner

Das Bier in ein Longdrinkglas gießen, mit Champagner auffüllen.

Tip

Bier läßt sich erstaunlich gut zum Mixen von Drinks verwenden. Die Mischung „Black Velvet" ist weltbekannt.

Kir Royal

1 cl Crème de Cassis
gut gekühlter Champagner

In eine gekühlte Sektschale Crème de Cassis geben, mit dem Champagner auffüllen.

A. A. Collins

4 cl Gordon's Dry Gin
2 cl Apricot-Brandy
2 Barlöffel Anislikör
1 Barlöffel Zitronensaft
Sodawasser

Einige Eiswürfel in einen Shaker geben. Gin, Apricot-Brandy, Anislikör und Zitronensaft hinzufügen, schütteln und mit dem Eis in ein Longdrinkglas geben, mit Sodawasser auffüllen.

Tip

Zur Collins-Familie gehören noch Joe, Pierre, Jack und Pedro – je nachdem, ob die Verbindung mit Wodka, Cognac, Calvados oder Bacardi Rum Light-Dry entsteht.

Bloody Mary

1 cl Wodka
6 cl Tomatensaft
1 Spritzer Worcestersoße
1 Spritzer Tabascosoße
1 Spritzer Zitronensaft
frisch gemahlener weißer Pfeffer
Salz

Einige Eiswürfel in einen Shaker geben. Wodka, Tomatensaft, Worcestersoße, Tabascosoße und Zitronensaft hinzufügen, mit Salz und Pfeffer würzen, gut schütteln und in ein Longdrinkglas abseihen.

Pina Colada

4 cl Bacardi Rum Light-Dry
2 cl Cream of Coconut
1 cl Ananassaft
1 Barlöffel fein gehackte Ananas

Zum Garnieren:
1 Stück Ananas
1 Cocktailkirsche

Rum, Cream of Coconut, Ananassaft und Ananasfleisch mit einer Tasse fein zerstoßenem Eis in einen Mixer geben. Mixen und in ein Cocktailglas füllen. Mit Ananas und Kirsche garnieren.

Negroni

2 cl Gordon's Dry Gin
2 cl Campari
2 cl Vermouth Rot
etwas Zitronenschale (unbehandelt)

Einige Eiswürfel in ein Rührglas geben. Gin, Campari und Vermouth hinzufügen und rühren. In ein Cocktailglas abseihen und mit der Zitronenschale abspritzen. Die Schale in das Glas geben.

Manhattan No. 2

4 cl Gordon's Dry Gin
2 cl Vermouth Rot
1 Spritzer Angostura
1 Cocktailkirsche

Einige Eiswürfel in ein Rührglas geben. Gin, Vermouth und Angostura hinzufügen, rühren und in eine kleine Cocktailschale abseihen. Die Kirsche hineingeben.

Harvey Wallbanger

4 cl Wodka
6 cl frisch gepreßter Orangensaft
2 cl Galliano-Likör

Zum Garnieren:
1 Cocktailkirsche

3–4 Eiswürfel in ein Longdrinkglas geben. Wodka und Orangensaft hinzufügen, rühren und den Likör darüber gießen. Mit der Kirsche garnieren.

Apricot Blossom
(Foto rechts)

3 cl Gordon's Dry Gin
2 cl Barack Liqueur (Aprikosenlikör)

Zum Garnieren:
1 Cocktailkirsche

Einige Eiswürfel in ein Rührglas geben. Gin und Barack Liqueur hinzufügen und rühren. Etwas zerstoßenes Eis in eine Cocktailschale füllen und den Cocktail in das Glas abseihen. Mit der Kirsche garnieren.

Campari Orange

(Foto unten)

5 cl Campari
frisch gepreßter Orangensaft

Zum Garnieren:
1/2 Orangenscheibe (unbehandelt)

3 Eiswürfel in ein Longdrinkglas geben. Campari hinzufügen, mit Orangensaft auffüllen und rühren. Mit der Orangenscheibe garnieren.

Tip

Erfrischende, fruchtige Drinks wie der Campari Orange schmecken am besten mit frisch gepreßtem Orangensaft.

Old Fashioned

1 Stück Würfelzucker
Angostura
1 Barlöffel Wasser
4 cl Canadian Whisky
Zitronenschale (unbehandelt)

Zum Garnieren:
1/4 Orangenscheibe
1/2 Zitronenscheibe
(beide unbehandelt)
1 Cocktailkirsche

Zucker in ein Whiskyglas geben, mit Angostura tränken. Wasser dazugeben, den Zucker zerdrücken und rühren. 3–4 Eiswürfel und den Whisky hinzufügen, rühren und mit Zitronenschale abspritzen. Mit Orangen- und Zitronenscheibe und Cocktailkirsche garnieren.

Tip
Cocktails, deren Zutaten sich leicht verbinden, werden entweder direkt im Glas zubereitet oder im Rührglas auf viel Eis vorsichtig gerüht.

Stinger

4 cl Weinbrand
2 cl Crème de Menthe Weiß

Einige Eiswürfel in einen Shaker geben. Weinbrand und Crème de Menthe hinzufügen, schütteln und in ein Cocktailglas abseihen.

Daiquiri

4 cl Bacardi Rum Light-Dry
2 cl Zitronensaft
1 Barlöffel Zuckersirup

Einige Eiswürfel in einen Shaker geben. Rum, Zitronensaft und Zuckersirup hinzufügen, gut schütteln und in eine gekühlte Cocktailschale abseihen.

Tip
Zutaten wie Sirups, also Substanzen, die sich schwer verbinden, werden im Shaker auf einigen Eiswürfeln 10 bis 20 Sekunden kräftig geschüttelt.

D.B.U.-Cocktail

2 cl Weinbrand
2 cl Apricot-Brandy
2 cl frisch gepreßter Orangensaft
Sekt

Zum Garnieren:
1 Orangenscheibe (unbehandelt)
1 Cocktailkirsche

Einige Eiswürfel in einen Shaker geben. Weinbrand, Apricot-Brandy und Orangensaft hinzufügen. Schütteln, in eine Sektschale abseihen und mit Sekt auffüllen. Mit der Orangenscheibe und der Cocktailkirsche garnieren.

D.B.U. = Deutsche Barkeeper Union.

White Cloud

1 Eiweiß
4 cl Bacardi Rum Light-Dry
2 cl Triple Lime-Likör
2 Spritzer Orangenbitter
1 Barlöffel Ananassaft
1 Barlöffel Grapefruitsaft
1 Barlöffel Zitronensaft

Einige zerstoßene Eiswürfel in einen Shaker geben. Eiweiß, Rum, Lime-Likör, Orangenbitter, Ananassaft, Grapefruitsaft und Zitronensaft hinzufügen und gut schütteln. In eine mit etwas zerstoßenem Eis gefüllte Sektschale abseihen.

Rose

3 cl Rouyer Elsässer Obstbrand Kirsch
3 cl Vermouth Dry
2 Spritzer Grenadinesirup
1 Cocktailkirsche

Einige Eiswürfel in ein Rührglas geben. Obstbrand Kirsch, Vermouth und Grenadinesirup hinzufügen, rühren und in eine kleine Cocktailschale abseihen. Die Kirsche hineingeben.

Charly's Special

1 Stück Würfelzucker
Angostura
2 cl Cognac
1 Cocktailkirsche
Champagner
Zitronenschale (unbehandelt)

Den Würfelzucker mit Angostura tränken und in eine Sektschale geben. 1 Eiswürfel, Cognac und Cocktailkirsche hinzufügen und mit Champagner auffüllen. Den Cocktail mit etwas Zitronenschale abspritzen, die Schale mit in das Glas geben.

Frozen Margarita

Für den Crustarand:
Zitronensaft
Salz

4 cl Tequila
1 cl Orangenlikör
2 cl Zitronensaft
2 Barlöffel Puderzucker

Ein Ballonglas mit dem Rand zuerst in den Zitronensaft, dann in das Salz tauchen. Tequila, Orangenlikör, Zitronensaft und Puderzucker mit 1 Tasse fein zerstoßenem Eis in einen Mixer geben. Auf höchster Stufe mixen und in das Ballonglas füllen.

Tip

Frozen Cocktails werden eisgekühlt serviert. Entweder wird der Cocktail mit zerstoßenem Eis gemixt und serviert, oder das Glas wird mit zerstoßenem Eis gefüllt, das entfernt wird, wenn das Glas beschlägt. Der Cocktail wird dann ohne Eis in das Glas abgeseiht.

Green Daiquiri

(Foto oben)

6 cl Pisang Ambon
3 cl Bacardi Rum Light-Dry
1 cl Limettensaft
1 Limettenscheibe (unbehandelt)

Einige Eiswürfel in einen Shaker geben. Pisang Ambon, Rum und Limettensaft hinzufügen und gut schütteln. In ein Cocktailglas auf zerstoßenes Eis abseihen. Die Limettenscheibe hinzufügen.

Manhattan

1 cl Canadian Whisky
2 cl Vermouth Rot
2 cl Vermouth Dry
1 Spritzer Angostura

Einige Eiswürfel in einen Shaker geben. Whisky, Vermouth und Angostura hinzufügen und schütteln. 2–3 Eiswürfel in ein Whiskyglas geben. Den Cocktail in das Whiskyglas abseihen.

Up to Date

3 cl Canadian Whisky
2 cl Sherry Dry
2 Spritzer Orangenlikör
1 Spritzer Angostura
1 Cocktailkirsche

Einige Eiswürfel in ein Rührglas geben. Whisky, Sherry, Orangenlikör und Angostura hinzufügen und rühren. In ein Cocktailglas abseihen, die Kirsche hinzufügen.

Golden Cadillac

2 cl Galliano-Likör
4 cl Crème de Cacao Weiß
2 cl Schlagsahne

Einige Eiswürfel in einen Shaker geben. Galliano-Likör, Crème de Cacao und Sahne hinzufügen, schütteln und in ein Cocktailglas abseihen.

Gin Fizz

2 cl Zitronensaft
2 Barlöffel Puderzucker
5 cl Gordon's Dry Gin
Sodawasser

Zum Garnieren:
1 Zitronenscheibe (unbehandelt)

Einige Eiswürfel in einen Shaker geben. Zitronensaft, Zucker und Gin hinzufügen, gut schütteln. In ein Whisky- oder Longdrinkglas abseihen und mit Sodawasser auffüllen. Mit der Zitronenscheibe garnieren.

Tip

Fizzes gehören zu den bekanntesten American-Drinks. Der Ginn Fizz wurde zwar von zwei französischen Barkeepern erfunden, diese wurden aber in Amerika damit berühmt und reich, weil sie das Geheimnis seiner Zubereitung lange geheimhalten konnten.

Screw Driver „B"

4 cl Bacardi Rum Light-Dry
frisch gepreßter Orangensaft

Zum Garnieren:
1 Orangenscheibe (unbehandelt)

3–4 Eiswürfel in ein Longdrinkglas geben. Den Rum dazugeben und mit Orangensaft auffüllen. Mit der Orangenscheibe garnieren.

Tom Collins

(Foto links)

5 cl Gordon's Dry Gin
3 cl Zitronen- oder Limettensaft
1 cl Zuckersirup
Sodawasser

Zum Garnieren:
1 Zitronenscheibe (unbehandelt)
1 Cocktailkirsche

Einige Eiswürfel in einen Shaker geben. Gin, Zitronen- oder Limettensaft und Zuckersirup hinzufügen, gut schütteln und mit den Eiswürfeln in ein Longdrinkglas geben. Mit Sodawasser auffüllen, mit Zitronenscheibe und Kirsche garnieren.

Alexander No. 1

2 cl Gordon's Dry Gin
2 cl Crème de Cacao Weiß
2 cl Schlagsahne
geriebene Muskatnuß

Einige Eiswürfel in einen Shaker geben. Gin, Crème de Cacao und Sahne hinzufügen, schütteln und in ein Cocktailglas abseihen. Mit geriebener Muskatnuß bestreuen.

White Lily

(Foto rechts)

2 cl Gordon's Dry Gin
2 cl Bacardi Rum Light-Dry
2 cl Orangenlikör
1 Spritzer Pastis

Einige Eiswürfel in einen Shaker geben. Gin, Rum, Orangenlikör und Pastis hinzufügen, schütteln und in ein Cocktailglas abseihen.

Perfect Manhattan

4 cl Canadian Whisky
1 cl Vermouth Dry
1 cl Vermouth Rot
1 Tropfen Angostura
etwas Zitronenschale (unbehandelt)

Einige Eiswürfel in ein Rührglas geben. Whisky, Vermouth und Angostura hinzufügen, rühren, in ein Cocktailglas abseihen und mit Zitronenschale abspritzen.

Clover Club

1 Eiweiß
1 cl Zitronensaft
1 Barlöffel Grenadinesirup
4 cl Gordon's Dry Gin

Einige Eiswürfel in einen Shaker geben. Eiweiß, Zitronensaft, Grenadinesirup und Gin hinzufügen, schütteln und in ein Cocktailglas abseihen.

Champagner Cobbler

3 Spritzer Orangenlikör
3 Spritzer Maraschino-Likör
3 Spritzer Cognac
Champagner

Ein Cobbler- oder ein Rotweinglas zu drei Viertel mit zerstoßenem Eis füllen. Orangenlikör, Maraschino-Likör und Cognac hinzufügen und mit Champagner auffüllen.

Tip

Cobbler gehören zu den Longdrinks, werden aber nicht geschüttelt, sondern direkt im Glas gemixt. Cobblergläser haben eine sehr große Öffnung, behelfsweise kann man ein Rotweinglas oder eine Sektschale verwenden.

Monte Carlo Highball

Saft von 1/2 Zitrone
1 cl Crème de Menthe Weiß
4 cl Gordon's Dry Gin
1 Barlöffel Zucker
Champagner

Einige Eiswürfel in einen Shaker geben. Zitronensaft, Crème de Menthe, Gin und Zucker hinzufügen und gut schütteln. In ein Longdrinkglas abseihen, 2 Eiswürfel hinzufügen und mit Champagner auffüllen.

Drinks am Vormittag

Perroquet

(Foto Seite 56/57)

1 cl Pfefferminzsirup
4 cl Pastis
Mineralwasser

2–3 Eiswürfel in ein Cocktailglas geben. Pfefferminzsirup und Pastis darüber geben. Zum Auffüllen des Cocktails das eiskalte Mineralwasser in einem Glas oder Krug dazureichen.

TIP

Aus „Perroquet" wird der Cocktail „Tomate", wenn Sie den Pfefferminzsirup gegen 1 cl Grenadinesirup austauschen.

Amaretto Flip

3 cl Amaretto
2 cl Weinbrand
2 TL Orangensaft
1 TL Zitronensaft
1 Eigelb
geriebene Muskatnuß

2–3 Eiswürfel in einen Shaker geben. Amaretto, Weinbrand, Orangensaft, Zitronensaft und Eigelb hinzufügen, kurz, aber kräftig schütteln. In einen Sektkelch abseihen, mit etwas Muskatnuß überreiben.

TIP

Den Flip sofort servieren – denn ein abgestandener Flip sieht nicht gut aus und schmeckt auch nicht.

Champagner Cocktail

1 Stück Würfelzucker
1 Spritzer Angostura
Spirale von ½ Zitronenschale (unbehandelt)
eiskalter, trockener Champagner

Würfelzucker in ein Sektglas geben, mit Angostura beträufeln. Zitronenspirale in das Glas hängen, mit Champagner auffüllen.

TIP

Champagner für Cocktails sollte möglichst trocken und sehr gut gekühlt sein, damit die Drinks spritzig und erfrischend werden.

Blue Moon Special

Für den Crustarand:
Zitronensaft
Zucker

2 cl Gordon's Dry Gin
2 cl Curaçao Blue
Champagner
Zitronenschale (unbehandelt)

Den Rand einer großen Sektschale zuerst in Zitronensaft und dann in Zucker tauchen. Einige Eiswürfel in einen Shaker geben. Gin und Curaçao hinzugießen, gut schütteln, in die Sektschale abseihen. Einen Eiswürfel dazugeben und mit dem Champagner auffüllen. Mit Zitronenschale abspritzen, die Schale mit in das Glas geben.

Carribean Champagne

1/2 Barlöffel Bacardi Rum Light-Dry
1/2 Barlöffel Bananenlikör
Champagner
1 Bananenscheibe

Rum und Bananenlikör in eine Sektschale geben, mit Champagner auffüllen und die Bananenscheibe hineingeben.

Bacardi Grasshopper

3 cl Bacardi Rum Light-Dry
3 cl Crème de Menthe Grün
3 cl Schlagsahne

Einige Eiswürfel in einen Shaker geben. Rum, Crème de Menthe und Sahne hinzufügen, gut schütteln und in eine Cocktailschale abseihen.

Strawberry Daiquiri

(Foto links)

5 frische oder tiefgekühlte Erdbeeren
Saft von 1/2 Limette
1 Barlöffel Zuckersirup
4 cl Bacardi Rum Light-Dry
1/2 Tasse zerstoßenes Eis

Zum Garnieren:
1 Erdbeere

Gewaschene und verlesene Erdbeeren, Limettensaft, Zuckersirup, Rum und das Eis in einen Mixer geben, 10–20 Sekunden mixen, in ein Cocktailglas abseihen. Für die Garnitur die Erdbeere waschen, an den Glasrand stecken.

Campari Champ
(Foto rechts)

4 cl Campari
12 cl Champagner oder Sekt
Zitronenschale (unbehandelt)

Einige Eiswürfel in ein weit geöffnetes Cocktailglas geben. Den Campari darübergießen, mit Champagner oder Sekt auffüllen, mit Zitronenschale abspritzen.

TIP

Zum Abspritzen ein etwa daumengroßes Stück Zitronenschale so abschneiden, daß das Weiße an der Zitrone bleibt. Das Stück Zitronenschale über dem Glas knicken und anschließend in den Drink geben.

Ramos Gin Fizz

Saft von 1 Zitrone
2 TL Puderzucker
1 Eiweiß
1 Barlöffel Schlagsahne
1 cl Curaçao Weiß
4 cl Gordon's Dry Gin
Sodawasser

Zum Garnieren:
1 Zitronenscheibe (unbehandelt)

Einige Eiswürfel in einen Shaker geben. Zitronensaft, Puderzucker, Eiweiß, Sahne, Curaçao und Gin hinzufügen und gut schütteln. In ein Longdrinkglas abseihen. Zwei Eiswürfel hinzufügen, mit Sodawasser auffüllen, mit der Zitronenscheibe garnieren.

TIP

Wichtig beim Mixen von Fizzes: Die gut gekühlten Zutaten im Shaker 1–2 Sekunden kräftig schütteln oder im Mixer zubereiten, damit sie sich gut verbinden. Fizzes werden mit einem Strohhalm

Tequila Matador

4 cl Tequila
3 cl Ananassaft
1 cl Lime Juice

Einige Eiswürfel in einen Shaker geben. Tequila, Ananassaft und Lime Juice hinzufügen, schütteln und in ein Sekt- oder Cocktailglas abseihen.

Williams Glory

Saft von 1/2 Zitrone
1 Barlöffel Puderzucker
2 cl Orangenlikör
2 cl Rouyer Elsässer Obstbrand Poire Williams
Champagner

Einige Eiswürfel in einen Shaker geben. Zitronensaft, Puderzucker, Orangenlikör und Obstbrand Poire Williams hinzufügen und gut schütteln. In eine Sektschale abseihen und mit Champagner auffüllen.

CAMPARI
CAMPA
XL
TOP-FLITE

Happy Hour

Whisky Sour

(Foto Seite 62/63)

Saft von 1/2 Zitrone
1 Barlöffel Puderzucker
5 cl Canadian Whisky
1/2 Orangenscheibe (unbehandelt)
1 Cocktailkirsche

Einige Eiswürfel in einen Shaker geben. Zitronensaft, Puderzucker und Whisky hinzufügen, schütteln und in ein Whiskyglas (oder ein Sourglas) abseihen. Die Orangenscheibe und die Cocktailkirsche hinzufügen.

Rob Roy

4 cl Johnnie Walker Red Label Scotch Whisky
2 cl Vermouth Rot
1 Tropfen Angostura
etwas Zitronenschale (unbehandelt)

Einige Eiswürfel in ein Rührglas geben. Whisky, Vermouth und Angostura hinzufügen, rühren und in ein Cocktailglas abseihen. Mit Zitronenschale abspritzen, die Schale mit in das Glas geben.

Lady Cocktail

3 cl Canadian Whisky
2 cl Ananassaft
2 Spritzer Angostura
2 Spritzer Molinari Sambuca

Zum Garnieren:
1 Cocktailkirsche
1 Stück Ananas

Einige Eiswürfel in einen Shaker geben. Whisky, Ananassaft, Angostura und Sambuca hinzufügen, schütteln und in ein Cocktailglas abseihen. Die Kirsche und Ananas auf einen Sticker spießen, den Cocktail damit garnieren.

Fifty-Fifty

3 cl Gordon's Dry Gin
3 cl Vermouth Dry

Einige Eiswürfel in ein Rührglas geben. Gin und Vermouth hinzufügen, rühren und in ein kleines Cocktailglas abseihen.

Pink Baby

(Foto rechts)

Für den Crustarand:
Zitronensaft
rosa Zucker

4 cl Gordon's Dry Gin
1 Barlöffel Eiweiß
1 Barlöffel Zitronensaft
1 Barlöffel Grenadinesirup

Ein Ballon- oder Weinglas mit dem Rand zuerst in Zitronensaft, dann in Zucker tauchen. Einige Eiswürfel in einen Shaker geben. Gin, Eiweiß, Zitronensaft und Grenadinesirup hinzufügen und gut schütteln, in das Glas abseihen.

Black Wodka

4 cl Wodka
2 cl Kaffeelikör

3–4 Eiswürfel in ein Whiskyglas geben. Wodka und Kaffeelikör hinzufügen, kurz verrühren.

Old San Juan Cocktail

(Foto unten)

4 cl Bacardi Rum Premium Black
1 cl Ananassaft
1 cl Grenadinesirup
1 cl Zitronen- oder Limonensaft

Einige Eiswürfel in ein Rührglas geben. Rum, Ananassaft, Grenadinesirup und Zitronen- oder Limonensaft hinzufügen, umrühren, in ein Cocktailglas abseihen.

Ina Maria

4 cl Jack Daniel's Tennessee Whiskey
1 Barlöffel Apricot-Brandy
1 Barlöffel Orangensaft
1 Barlöffel Zitronensaft
1 Spritzer Angostura
3 Spritzer Pastis
Orangen- und Zitronenschale (unbehandelt)
1 Cocktailkirsche

Einige Eiswürfel in einen Shaker geben. Whiskey, Apricot-Brandy, Orangen- und Zitronensaft, Angostura und Pastis hinzufügen, gut schütteln und in ein Whiskyglas mit 3 Eiswürfeln abseihen. Mit Orangen- und Zitronenschale abspritzen. Die Schalen und die Cocktailkirsche mit in das Glas geben.

Finnish Virgin

5 cl Wodka
1 Barlöffel Orangensaft
1 Barlöffel Mandelsirup
1 Barlöffel Limettensaft
1 Cocktailkirsche

Einige Eiswürfel in einen Shaker geben. Wodka, Orangensaft, Mandelsirup und Limettensaft hinzufügen und gut schütteln. In ein Cocktailglas abseihen, die Kirsche dazugeben.

Prairie Oyster

6 cl Tomatensaft
einige Tropfen Rotweinessig
einige Tropfen Tabascosoße
2 Spritzer Worcestersoße
frisch gemahlener Pfeffer
1 Eigelb

Den Tomatensaft mit Rotweinessig, Tabascosoße, Worcestersoße und Pfeffer würzen, das Eigelb unterrühren, in ein Cocktailglas füllen.

Rosa Vita

4 cl Bacardi Rum Light-Dry
Saft von 1/2 Zitrone
1 Barlöffel Grenadinesirup

Einige Eiswürfel in ein Rührglas geben. Rum, Zitronensaft und Grenadinesirup hinzufügen, rühren und in ein kleines Cocktailglas abseihen.

Adam & Eva

1 cl Amaretto
2 cl Gordon's Dry Gin
1 cl Drambuie
1 cl Zitronensaft
1 Spritzer Zuckerrohrsirup
1 Spritzer Grenadinesirup

Zum Garnieren:
1 Zitronenscheibe (unbehandelt)
2 Cocktailkirschen

Einige Eiswürfel in einen Shaker geben. Amaretto, Gin, Drambuie, Zitronensaft, Zuckerrohrsirup und Grenadinesirup hinzufügen und schütteln. In ein Cocktailglas abseihen, mit Zitronenscheibe und Cocktailkirschen garnieren.

TIP

Zum Schütteln von Cocktails nimmt man möglichst große Eiswürfel, zum Schütteln von Longdrinks dagegen möglichst kleine Eiswürfel.

Hemingway

6 cl Bacardi Rum Light-Dry
1 Barlöffel Maraschino-Likör
1 Barlöffel Zitronensaft
1 Barlöffel Grapefruitsaft

Eine Tasse sehr fein zerstoßenes Eis in einen Shaker geben. Rum, Maraschino-Likör, Zitronensaft und Grapefruitsaft hinzufügen, schütteln und in eine große Sektschale füllen.

Casablanca

3 cl Wodka
2 cl Eierlikör
2 cl Zitronensaft
4 cl frisch gepreßter Orangensaft

Einige Eiswürfel in einen Shaker geben. Wodka, Eierlikör, Zitronensaft und Orangensaft hinzufügen und gut schütteln. Ein Longdrinkglas zur Hälfte mit zerstoßenem Eis füllen und den Cocktail in das Glas abseihen.

Orange Blossom Special

3 cl Gordon's Dry Gin
3 cl frisch gepreßter Orangensaft
1 Orangenscheibe (unbehandelt)

Einige Eiswürfel in einen Shaker geben. Gin und Orangensaft hinzufügen und gut schütteln. In eine Cocktailschale abseihen und die Orangenscheibe hinzufügen.

Lazarac Cocktail

1 Spritzer Grenadinesirup
1 Spritzer Orangenbitter
1 Spritzer Angostura
3 Spritzer Pastis
1 cl Molinari Sambuca
3 cl Bacardi Rum Light-Dry
3 cl Canadian Whisky
Zitronenschale (unbehandelt)

Einige Eiswürfel in einen Shaker geben. Grenadinesirup, Orangenbitter, Angostura, Pastis, Sambuca, Rum und Whisky hinzufügen, schütteln und mit dem Eis in ein Whiskyglas geben. Mit Zitronenschale abspritzen, die Schale mit in das Glas geben.

Harry's Eyes

4 cl Bacardi Rum Gold
2 cl Apricot-Brandy
1 cl Curaçao Orange
1 Barlöffel Zitronensaft
1 Eiweiß

Einige Eiswürfel in einen Shaker geben. Rum, Apricot-Brandy, Curaçao, Zitronensaft und das Eiweiß hinzufügen und gut schütteln. Mit dem Eis in ein Whiskyglas füllen.

El Presidente

Saft von 1 Limette
1 Barlöffel Ananassaft
1 Barlöffel Grenadinesirup
4 cl Bacardi Rum Light-Dry

Einige Eiswürfel in einen Shaker geben. Limettensaft, Ananassaft, Grenadinesirup und Rum hinzufügen, schütteln und in ein Cocktailglas abseihen.

New Orleans

(Foto unten)

4 cl Gordon's Dry Gin
1 Barlöffel Eiweiß
2 Barlöffel Zuckersirup
3 Barlöffel Schlagsahne

Einige Eiswürfel in einen Shaker geben. Gin, Eiweiß, Zuckersirup und Sahne hinzufügen, gut schütteln und in eine Cocktailschale abseihen.

TIP

Zuckersirup können Sie selbst herstellen: Zucker und Wasser im Verhältnis 1 : 1 aufkochen und so lange rühren, bis klarer Sirup entsteht.

Campari 9 o'clock

(Foto rechts)

4 cl Campari
2 cl Gordon's Dry Gin
6 cl Orangensaft
3 cl Bitter Lemon

Zum Garnieren:
Spirale aus der Schale von 1 Orange (unbehandelt)
frische Minzeblättchen

Einige Eiswürfel in einen Shaker geben. Campari, Gin und Orangensaft hinzufügen und schütteln. In ein Longdrinkglas abseihen, mit Bitter Lemon auffüllen. Die Orangenschalenspirale an den Glasrand hängen, die Minzeblättchen daran feststecken.

Chapala Cocktail

4 cl Tequila
1 Barlöffel Orangensaft
1 Barlöffel Zitronensaft

1 Barlöffel Curaçao Blue
1 Barlöffel Grenadinesirup
1 Orangenscheibe (unbehandelt)

Einige Eiswürfel in einen Shaker geben. Tequila, Orangensaft, Zitronensaft, Curaçao und Grenadinesirup hinzufügen, schütteln und in ein Cocktailglas abseihen. Die Orangenscheibe hineingeben.

Black Jack Cocktail

2 cl Rouyer Elsässer Obstbrand Kirsch
1 cl Weinbrand
1 Barlöffel feiner Zucker
4 cl eiskalter, starker Kaffee

Einige Eiswürfel in einen Shaker geben. Obstbrand Kirsch, Weinbrand, Zucker und Kaffee hinzufügen und schütteln. Mit dem Eis in ein Whiskyglas geben.

Izcaragua

1 1/2 cl Amaretto
1 1/2 cl Johnnie Walker Red Label Scotch Whisky
1 1/2 cl Vermouth Dry
1 1/2 cl Bananenlikör

Einige Eiswürfel in einen Shaker geben. Amaretto, Whisky, Vermouth und Bananenlikör hinzufügen, schütteln und in eine Cocktailschale abseihen.

Clipper Cocktail

2 TL Zucker
2 Spritzer Gordon's Dry Gin
4 cl Zitronensaft
2 cl Bacardi Rum Light-Dry

Zucker, Gin, Zitronensaft und Rum in ein kleines Becherglas geben, umrühren. 2–3 Eiswürfel in ein Whiskyglas geben. Den Cocktail in das Glas abseihen.

Finlandia Night

(Foto unten)

4 cl Wodka
2 cl Zitronensaft
schwarzer Johannisbeersaft

Einige Eiswürfel in ein Rührglas geben. Wodka und Zitronensaft hinzufügen, rühren, in ein Glas abseihen. Eiswürfel dazugeben, mit Saft auffüllen.

Rickey's

3 cl Gordon's Dry Gin
1 cl Zitronensaft
1 Barlöffel Zitronensirup
Sodawasser

Einige Eiswürfel in einen Shaker geben. Gin, Zitronensaft und Zitronensirup hinzufügen und schütteln. In ein Cocktailglas abseihen und mit etwas Sodawasser auffüllen.

Honeymoon Cocktail

2 cl Bénédictine
3 cl Calvados
1 cl Zitronensaft
1 cl Curaçao Orange

Einige Eiswürfel in einen Shaker geben. Bénédictine, Calvados, Zitronensaft und Curaçao hinzufügen und schütteln. In ein Cocktailglas abseihen.

Joker

6 cl Gordon's Dry Gin
2 cl Zitronensaft
1 cl Apricot-Brandy
1 Cocktailkirsche

Einige Eiswürfel in einen Shaker geben. Gin, Zitronensaft und Apricot-Brandy hinzufügen und schütteln. In ein Cocktailglas abseihen und die Kirsche hinzufügen.

Blue Dream
(Foto oben)

2 cl Gordon's Dry Gin
2 cl Curaçao Blue
1 cl Zitronensaft

Zum Garnieren:
1 Cocktailkirsche

Einige Eiswürfel in einen Shaker geben. Gin, Curaçao und Zitronensaft hinzufügen, schütteln und in ein Cocktailglas abseihen. Die Kirsche auf einen Sticker spießen, ins Glas geben.

Perfect Martini

4 cl Gordon's Dry Gin
1 cl Vermouth Dry
1 cl Vermouth Rot
Zitronenschale (unbehandelt)

Einige Eiswürfel in ein Rührglas geben. Gin und Vermouth hinzufügen, rühren und in ein kleines Cocktailglas abseihen, mit Zitronenschale abspritzen.

Angel's Face

3 cl Gordon's Dry Gin
1 cl Calvados
1 cl Apricot-Brandy

Einige Eiswürfel in einen Shaker geben. Gin, Calvados und Apricot-Brandy hinzufügen, schütteln und in ein Cocktailglas abseihen.

Bella Gioia

1 cl Amaretto
2 cl Bacardi Rum Light-Dry
1 cl Apricot-Brandy
2 cl Vermouth Dry

Einige Eiswürfel in einen Shaker geben. Amaretto, Rum, Apricot-Brandy und Vermouth hinzufügen, schütteln und in eine Cocktailschale abseihen.

Black Russian

(Foto links)

4 cl Bacardi Rum Premium Black
2 cl Mokkalikör

Einige Eiswürfel in einen Shaker geben. Rum und Mokkalikör hinzufügen, gut schütteln, in ein Cocktailglas abseihen.

Bobby Fitz

4 cl Irish Whiskey
1/2 Barlöffel Pastis
1/2 Barlöffel Orangenlikör
3 Spritzer Maraschino-Likör
1 Spritzer Angostura
1/2 Orangenscheibe (unbehandelt)
1 grüne Olive

Einige Eiswürfel in einen Shaker geben. Whiskey, Pastis, Orangenlikör, Maraschino-Likör und Angostura hinzufügen, schütteln und in ein Cocktailglas abseihen. Orangenscheibe und Olive in das Glas geben.

Corcovado

(Foto rechts)

Für den Crustarand:
Zitronensaft
grüner Zucker

2 cl Curaçao Blue
2 cl Tequila
1 cl Drambuie
Zitronenlimonade

Ein Kelchglas mit dem Rand zuerst in den Zitronensaft, dann in den grünen Zucker tauchen. Etwas zerstoßenes Eis in das Glas geben. Einige Eiswürfel in einen Shaker geben. Curaçao, Tequila und Drambuie hinzufügen, gut schütteln und in das Glas abseihen. Mit etwas Zitronenlimonade auffüllen.

TIP

Crustas sind vornehmlich Herren-Getränke, die man z. B. abends nach dem Essen serviert.

Quiet Sunday

2 cl Wodka
1 cl Amaretto
2 cl frisch gepreßter Orangensaft
1 Spritzer Grenadinesirup

Einige Eiswürfel in einen Shaker geben. Wodka, Amaretto und Orangensaft hinzufügen und schütteln. In ein Cocktailglas abseihen und den Grenadinesirup hinzufügen.

Finlandia Bite

2 cl Wodka
2 cl Southern Comfort
2 cl Schlagsahne
1 Spritzer Zitronensaft

Einige Eiswürfel in einen Shaker geben. Wodka, Southern Comfort, Sahne und Zitronensaft hinzufügen, gut schütteln und in ein Cocktailglas abseihen.

Amour Crusta

Für den Crustarand:
Saft von 1/2 Zitrone
2 EL Zucker

2 Spritzer Peachbitter
1 TL Curaçao Orange
1 TL Maraschino–Likör
2 Spritzer Lime Juice
1 cl dunkler, nicht zu süßer Portwein
Spirale aus der Schale von 1 Zitrone (unbehandelt)

Ein Cocktailglas mit dem Rand zuerst in den Zitronensaft, dann in den Zucker tauchen. Einen Shaker mit etwas gestoßenem Eis füllen. Peachbitter, Curaçao, Maraschino-Likör, Lime Juice und Portwein hinzufügen, gut schütteln und in das Glas abseihen. Die Zitronenschale in das Glas geben. Den Cocktail mit einem Trinkhalm servieren.

Soft Lady

4 cl Gordon's Dry Gin
2 cl Barack Liqueur (Aprikosenlikör)
2 cl Zitronensaft

Zum Garnieren:
1 Orangenscheibe (unbehandelt)

Einige Eiswürfel in ein Rührglas geben. Gin, Barack Liqueur und Zitronensaft hinzufügen und rühren. 2–3 Eiswürfel in ein Whiskyglas geben und den Cocktail in das Glas abseihen. Mit der Orangenscheibe garnieren.

French Cooler

(Foto rechts)

3 cl Cognac
3 cl Orangenlikör
Mineralwasser

Zum Garnieren:
1 Orangenscheibe (unbehandelt)

Zwei Eiswürfel in ein Longdrinkglas geben. Cognac und Orangenlikör darübergießen, einen Schuß Mineralwasser dazugeben, umrühren. Mit Mineralwasser auffüllen. Die Orangenscheibe an den Rand des Glases stecken.

Bermuda Highball

2 cl Gordon's Dry Gin
2 cl Vermouth Dry
2 cl Weinbrand
Ginger Ale

Einige Eiswürfel in ein Longdrinkglas geben. Gin, Vermouth und Weinbrand dazugeben, rühren und mit Ginger Ale auffüllen.

Longdrinks

Masquerade

(Foto Seite 78/79)

4 cl Southern Comfort
2 cl Zitronensaft
1 cl Grenadinesirup
Mineralwasser

Zum Garnieren:
1 Orangenscheibe (unbehandelt)
2 Cocktailkirschen

Einige Eiswürfel in einen Shaker geben. Southern Comfort, Zitronensaft und Grenadinesirup hinzufügen und schütteln. 2–3 Eiswürfel in ein Longdrinkglas geben, den Drink in das Glas abseihen und mit etwas Mineralwasser auffüllen. Die Orangenscheibe halbieren, mit den Kirschen auf einen Sticker spießen und in das Glas geben.

TIP

Zutaten wie Mineralwasser, Sekt oder Limonaden wegen der Kohlensäure niemals mitschütteln oder -rühren, sondern immer nur zum Auffüllen der Drinks verwenden.

Chi Chi

5 cl Wodka
1 Barlöffel Curaçao Triple Sec
1 Barlöffel Zitronensaft
5 cl Ananassaft
5 cl Cream of Coconut

Zum Garnieren:
1 Minzezweig

Einige Eiswürfel in einen Shaker geben. Wodka, Curaçao, Zitronensaft, Ananassaft und Cream of Coconut hinzufügen, schütteln und in ein Longdrinkglas abseihen. Zwei Eiswürfel hinzufügen und mit der Minze garnieren.

TIP

Longdrinks werden auf Eiswürfeln in hohen Gläsern mit Strohhalm oder Rührstäbchen serviert.

Monkey Wrench

(Foto unten)

4 cl Bacardi Rum Gold
Grapefruitsaft

Einige Eiswürfel in ein Longdrinkglas geben. Den Rum darübergießen, mit Grapefruitsaft auffüllen.

Sunny
(Foto rechts)

2 cl Gordon's Dry Gin
3 cl Bacardi Rum Light-Dry
1 cl Barack Liqueur (Aprikosenlikör)
2 cl Maracujasaft
2 cl frisch gepreßter Orangensaft
1 cl Grenadinesirup

Zum Garnieren:
1 Orangenscheibe (unbehandelt)
1 Cocktailkirsche
Zitronenmelisse

Einige Eiswürfel in einen Shaker geben. Gin, Rum, Barack Liqueur, Maracujasaft, Orangensaft und Grenadinesirup hinzufügen und schütteln. Mit dem Eis in ein Longdrinkglas geben und mit der Orangenscheibe, Cocktailkirsche und Zitronenmelisse garnieren.

Miss Kiwi

4 cl Bacardi Rum Light-Dry
2 cl Zitronensaft
2 Barlöffel Zuckersirup
3 Scheiben Kiwi

Einige Eiswürfel in einen Shaker geben. Rum, Zitronensaft und Zuckersirup hinzufügen und gut schütteln. 2–3 Eiswürfel in ein Longdrinkglas füllen, den Cocktail in das Glas abseihen. Zwei Kiwischeiben zerdrücken und hinzufügen. Den Cocktail umrühren, mit der übrigen Kiwischeibe garnieren.

Boatsman

4 cl Wodka
2 cl Cherry-Brandy
frisch gepreßter Orangensaft
1 Orangenscheibe (unbehandelt)

3–4 Eiswürfel in ein Longdrinkglas geben. Wodka und Cherry-Brandy hinzufügen, mit Orangensaft auffüllen und die Orangenscheibe hinzufügen.

Pimm's KK

1 Gurkenscheibe
1/2 Orangenscheibe (unbehandelt)
5 cl Pimm's No. 1
Zitronenlimonade
1 Minzeblatt

Zum Garnieren:
1 Zitronenscheibe (unbehandelt)

Die Gurkenscheibe und die Orangenscheibe in Stückchen schneiden. Einige Eiswürfel in ein Longdrinkglas geben. Pimm's No. 1, Gurken- und Orangenstückchen hinzufügen, mit Zitronenlimonade auffüllen. Das Minzeblatt hinzufügen. Die Zitronenscheibe an den Rand des Glases stecken.

Bahama Star

3 cl Bacardi Rum Light-Dry
2 cl Pisang Ambon
5 cl Bananensaft
5 cl frisch gepreßter Orangensaft
1/2 Limette (unbehandelt)

Zum Garnieren:
1 Minzezweig

Einige Eiswürfel in einen Shaker geben. Rum, Pisang Ambon, Bananensaft und Orangensaft hinzufügen und schütteln. Etwas zerstoßenes Eis in ein Longdrinkglas füllen. Den Cocktail in das Glas abseihen. Die Limette darüber ausdrücken und hinzufügen. Mit dem Minzezweig garnieren.

Campari Sour
(Foto rechts)

8 cl Campari
2 cl Zitronensaft
2 cl Orangensaft
2 cl Zuckersirup

Zum Garnieren:
Spirale aus der Schale von 1/2 Orange (unbehandelt)
1 Cocktailkirsche

Einige Eiswürfel in einen Shaker geben. Campari, Zitronensaft, Orangensaft und Zuckersirup hinzufügen, gut schütteln. 2–3 Eiswürfel in ein Longdrinkglas geben. Den Cocktail in das Glas abseihen. Orangenschale und Cocktailkirsche auf einen Sticker spießen, über das Glas legen.

Theodore

2 cl Bacardi Rum Light-Dry
1 cl Apricot-Brandy
2 cl Eierlikör
2 cl Orangensaft
4 cl Milch
1/2 Barlöffel Zucker
2 cl Schlagsahne

Zum Garnieren:
1/2 Orangenscheibe (unbehandelt)

4–5 Eiswürfel in einen Shaker geben. Rum, Apricot-Brandy, Eierlikör, Orangensaft, Milch, Zucker und Sahne hinzufügen, gut schütteln, in ein Cocktailglas abseihen, mit der Orangenscheibe garnieren.

Canadian Fever

4 cl Canadian Whisky
4 cl Aprikosensaft
1 cl Zitronensaft
Ginger Ale

Einige Eiswürfel in einen Shaker geben. Whisky, Aprikosensaft und Zitronensaft hinzufügen, schütteln und in ein Longdrinkglas abseihen. Zwei Eiswürfel hinzufügen und nach Belieben mit Ginger Ale auffüllen.

Banana Daiquiri

4 cl Bacardi Rum Light-Dry
1 Barlöffel Curaçao Triple Sec
1 Barlöffel Bananenlikör
1 kleine reife Banane
1 Barlöffel Zitronensaft

Rum, Curaçao, Bananenlikör, die geschälte Banane und Zitronensaft mit einer Tasse fein zerstoßenem Eis in einen Mixer geben, auf höchster Stufe mixen und in ein Ballonglas füllen.

Tropic Fire

4 cl Wodka
1 cl Southern Comfort
1 cl Maracujasaft
1 Spritzer Zitronensaft

Einige Eiswürfel in einen Shaker geben. Wodka, Southern Comfort, Maracujasaft und Zitronensaft hinzufügen, schütteln und in eine vorgekühlte Cocktailschale abseihen.

Bacardi Cola
(Foto unten)

4 cl Bacardi Rum Light-Dry
Cola

Zum Garnieren:
1 Zitronen- oder Limettenscheibe (unbehandelt)

Einige Eiswürfel in ein Longdrinkglas geben. Den Rum darübergießen, mit Cola auffüllen. Die Zitronen- oder Limettenscheibe an den Rand des Glases stecken.

American Beauty

1 Barlöffel Crème de Menthe Weiß
2 Barlöffel Orangensaft
1 Barlöffel Grenadinesirup
2 cl Vermouth Dry
2 cl Weinbrand

Ein Longdrinkglas zur Hälfte mit zerstoßenem Eis füllen. Crème de Menthe, Orangensaft, Grenadinesirup, Vermouth und Weinbrand darüber geben, kurz rühren.

Tropical Cream

4 cl Pisang Ambon
2 cl Bacardi Rum Light-Dry
5 cl frisch gepreßter Orangensaft
2 cl Schlagsahne

Zum Garnieren:
1 Minzezweig

Einige Eiswürfel in einen Shaker geben. Pisang Ambon, Rum, Orangensaft und Sahne hinzufügen und gut schütteln. In ein Cocktailglas abseihen, mit Minze garnieren.

Scorpion Lady

4 cl Bacardi Rum Light-Dry
2 cl Weinbrand
1 1/2 cl Amaretto
3 cl Zitronensaft
4 cl frisch gepreßter Orangensaft

Zum Garnieren:
Zitronenmelisse

Rum, Weinbrand, Amaretto, Zitronensaft und Orangensaft mit einer Tasse fein zerstoßenem Eis in einen Mixer geben und bei höchster Stufe mixen. In eine große Sektschale füllen und mit Zitronenmelisse garnieren.

Harlekin

3 cl Drambuie
2 cl Canadian Whisky
1 cl Zitronensaft
Grapefruitsaft

Einige Eiswürfel in einen Shaker geben. Drambuie, Whisky und Zitronensaft hinzufügen, schütteln und mit dem Eis in ein Longdrinkglas geben. Mit etwas Grapefruitsaft auffüllen.

Acapulco

(Foto rechts)

Saft von 1/2 Zitrone
1 Barlöffel Zucker
4 cl Bacardi Rum Light-Dry
1 cl Curaçao Triple Sec
1 Barlöffel Eiweiß

Zum Garnieren:
1 Minzezweig

Einige Eiswürfel in einen Shaker geben. Zitronensaft, Zucker, Rum, Curaçao und Eiweiß hinzufügen, gut schütteln, mit dem Eis in ein Longdrinkglas füllen und mit der Minze garnieren.

Tequila Sunrise

4 cl Tequila
frisch gepreßter Orangensaft
1 cl Grenadinesirup

3–4 Eiswürfel in ein Longdrinkglas geben. Tequila dazugießen und mit Orangensaft auffüllen. Grenadinesirup dazugeben, den Cocktail ganz leicht umrühren.

TIP

Verwenden Sie nur frische und trockene, niemals angetaute Eiswürfel für einen Longdrink. Denn Eiswürfel sollen den Drink kühlen, nicht verwässern.

Limbo Dancer

(Foto rechts)

2 cl Gordon's Dry Gin
4 cl Vermouth Rosé
6 cl frisch gepreßter Orangensaft
1 cl Grenadinesirup
Mineralwasser

Zum Garnieren:
Spieße mit exotischen Früchten, z.B. Ananas, Mango, Papaya

Einige Eiswürfel in einen Shaker geben. Gin, Vermouth, Orangensaft und Grenadinesirup hinzufügen, kurz und kräftig schütteln, in eine geeiste Cocktailschale abseihen. Mit gekühltem Mineralwasser auffüllen, mit dem Fruchtspieß garnieren.

After Midnight

4 cl Southern Comfort
4 cl Canadian Whisky
4 cl Pfirsichsaft
1 cl Zitronensaft

Einige Eiswürfel in einen Shaker geben. Southern Comfort, Whisky, Pfirsichsaft und Zitronensaft hinzufügen, schütteln und mit dem Eis in ein Longdrinkglas füllen.

Pimm's No. 1 Cup

5 cl Pimm's No. 1
Zitronenlimonade oder Ginger Ale

Zum Garnieren:
1/2 Orangen- oder Zitronenscheibe (unbehandelt)
Cocktailkirschen
Gurkenschale
1 Zweig frische Minze
1 Stück Apfel mit Schale

In einen Glaskrug einige Eiswürfel geben und Pimm's No. 1 darübergießen. Mit Zitronenlimonade auffüllen und mit je einer halben Orangen- und Zitronenscheibe, Cocktailkirschen, Gurkenschale garnieren. Oder mit einem Zweig frischer Minze garnieren und, so man mag, noch ein Stück Apfel mit Schale hinzufügen.

TIP

Die Eiswürfel aus kohlensäurearmem Mineralwasser herstellen.

Canadian Sunset

4 cl Canadian Whisky
1 Barlöffel Zitronensaft
1 Barlöffel Grenadinesirup
Bitter Grapefruit

Einige Eiswürfel in einen Shaker geben. Whisky, Zitronensaft und Grenadinesirup hinzufügen und schütteln. In ein Longdrinkglas abseihen und mit etwas Bitter Grapefruit auffüllen.

Man Club

4 cl Gordon's Dry Gin
1 cl Amaretto
1 Barlöffel Zitronensaft
8 cl Aprikosensaft
2 Cocktailkirschen

Einige Eiswürfel in einen Shaker geben. Gin, Amaretto, Zitronensaft und Aprikosensaft hinzufügen, schütteln und mit dem Eis in ein Longdrinkglas füllen. Die Kirschen dazugeben.

White Plush

4 cl Johnnie Walker Red Label Scotch Whisky
6 cl Milch
1 Barlöffel Puderzucker

Einige Eiswürfel in einen Shaker geben. Whisky, Milch und Puderzucker hinzufügen, schütteln und in ein Longdrinkglas abseihen.

Black Coco

(Foto unten)

4 cl Bacardi Rum Premium Black
2 cl Limonensaft
4 cl Kokossirup

Zum Garnieren:
1 Minzezweig

Einige Eiswürfel in einen Shaker geben. Rum, Limonensaft und Kokossirup hinzufügen, gut schütteln.
2–3 Eiswürfel in ein Longdrinkglas geben, den Cocktail in das Glas abseihen, mit dem Minzezweig garnieren.

Nordic Dreams

(Foto rechts)

2 cl Wodka
1 cl Maracujasaft
1 cl Limettensaft
1 Spritzer Grenadinesirup
4 cl Orangensaft

Zum Garnieren:
1 Limettenscheibe (unbehandelt)
1 Cocktailkirsche

Einige Eiswürfel in ein Rührglas geben. Wodka, Maracujasaft, Limettensaft, Grenadinesirup und Orangensaft hinzufügen und rühren. In ein mit 2–3 Eiswürfeln gefülltes Longdrinkglas abseihen und mit Limettenscheibe und Cocktailkirsche garnieren.

Pimm's Collins

5 cl Pimm's No. 1
3 cl Zitronensaft
2 cl Zuckersirup
Sodawasser

Zum Garnieren:
1 Zitronenscheibe (unbehandelt)
1 Cocktailkirsche

Einige Eiswürfel in einen Shaker geben. Pimm's No. 1, Zitronensaft und Zuckersirup hinzufügen, gut schütteln. Einige Eiswürfel in ein Longdrinkglas geben, den Cocktail in das Glas abseihen, mit Sodawasser auffüllen. Die Zitronenscheibe und die Cocktailkirsche auf einen Sticker spießen, das Glas damit garnieren.

Chocolate Rum

3 cl Jamaika Rum
1 cl Crème de Cacao Braun
1 cl Crème de Menthe Weiß
2 Barlöffel Schlagsahne
1 Barlöffel Jamaika Rum (73 %)

Einige Eiswürfel in einen Shaker geben. Rum, Crème de Cacao, Crème de Menthe und Sahne hinzufügen, gut schütteln und in ein Whiskyglas abseihen. 2–3 Eiswürfel hinzufügen.

Bacardi Colada

(Foto rechts)

4 cl Bacardi Rum Light-Dry
4 cl Cream of Coconut
4 cl Ananassaft, ungesüßt

Zum Garnieren:
1 Ananasscheibe
1 Cocktailkirsche
1 Minzezweig

Einige Eiswürfel in ein Longdrinkglas geben. Rum, Cream of Coconut und Ananassaft hinzufügen, gut umrühren. Ananasscheibe und Cocktailkirsche auf einen Sticker spießen, an den Rand des Glases stecken. Den Minzezweig daran befestigen.

Jungle Bird

4 cl Tequila
1 cl Barack Liqueur (Aprikosenlikör)
1 cl Maracujasaft
1 cl Orangensaft
1 cl Ananassaft
1 cl Zitronensaft

Zum Garnieren:
1/2 Orangenscheibe (unbehandelt)
1 grüne Cocktailkirsche

Einige Eiswürfel in einen Shaker geben. Tequila, Barack Liqueur und die Fruchtsäfte hinzufügen, schütteln und in eine Sektschale abseihen. Den Cocktail mit der Orangenscheibe und der Cocktailkirsche garnieren.

Red Sunshine

3 cl Gordon's Dry Gin
2 cl Crème de Cassis
2 cl Zitronensaft
Sodawasser
1 Limettenscheibe (unbehandelt)

Einige Eiswürfel in einen Shaker geben. Gin, Crème de Cassis und Zitronensaft hinzufügen und schütteln. In ein mit 2 Eiswürfeln gefülltes Longdrinkglas abseihen und mit etwas Sodawasser auffüllen. Die Limettenscheibe hinzufügen.

Green Garuda

(Foto unten)

Für den Crustarand:
Zitronensaft
gelber Zucker

2 cl Pisang Ambon
4 cl Bacardi Rum Light-Dry
Zitronenlimonade

Ein Cocktailglas mit dem Rand zuerst in Zitronensaft, dann in den Zucker tauchen. Etwas zerstoßenes Eis in ein Rührglas geben. Pisang Ambon und Rum hinzufügen, rühren, in das Glas geben. Mit Zitronenlimonade auffüllen.

Bacardi Mojito

(Foto oben)

4–6 cl Bacardi Rum Light-Dry
Saft von 1/2 Zitrone
1–2 Spritzer Angostura
1–2 Barlöffel Zuckersirup
Sodawasser
gestoßenes Eis

Zum Garnieren:
1 Minzezweig

Rum, Zitronensaft, Angostura und Zuckersirup in ein Longdrinkglas geben. Mit Eis auffüllen, umrühren und mit etwas Sodawasser abspritzen. Mit dem Minzezweig garnieren.

Summer Night

4 cl Wodka
2 cl Southern Comfort
1 cl Ahornsirup
6 cl Grapefruitsaft
2 cl Limetten- oder Zitronensaft

Einige Eiswürfel in einen Shaker geben. Wodka, Southern Comfort, Ahornsirup, Grapefruitsaft und Limetten- oder Zitronensaft hinzufügen, schütteln und mit dem Eis in ein Longdrinkglas füllen.

Harold & Maude

Für den Crustarand:
Curaçao Blue
Zucker

3 cl Amaretto
3 cl Wodka
2 cl Eierlikör
2 cl Grapefruitsaft

Zum Garnieren:
2 Cocktailkirschen

Ein Cocktailglas mit dem Rand zuerst in den Curaçao, dann in den Zucker tauchen. Einige Eiswürfel in einen Shaker geben. Amaretto, Wodka, Eierlikör und Grapefruitsaft hineingeben, schütteln und in das Glas abseihen. Die Kirschen auf einen Sticker spießen, in das Glas geben.

Blue Lagoon

(Foto rechts)

4 cl Wodka
2 cl Curaçao Blue
1 Barlöffel Zitronensaft
Zitronenlimonade

Zum Garnieren:
1 Zitronenscheibe (unbehandelt)
1 Cocktailkirsche

Einige Eiswürfel in einen Shaker geben. Wodka, Curaçao und Zitronensaft hinzufügen, schütteln und mit dem Eis in ein Longdrinkglas geben. Mit etwas Zitronenlimonade auffüllen und mit Zitronenscheibe und Cocktailkirsche garnieren.

Campari Sunrise

8 cl Ananassaft
2 cl Zitronensaft
1 cl Schlagsahne
4 cl Cream of Coconut
4 cl Campari

Zum Garnieren:
1/2 Orangenscheibe (unbehandelt)
1 Kiwischeibe
1 Kumquat

Einige Eiswürfel in einen Shaker geben. Ananassaft, Zitronensaft, Sahne und Cream of Coconut hinzufügen, gut schütteln. Einige Eiswürfel in ein Longdrinkglas geben, den Cocktail in das Glas abseihen. Den Campari vorsichtig darübergießen. Die Früchte auf einen Sticker spießen, über das Glas legen.

Tipsy Tangerine
(Foto links)

3 cl Wodka
3 cl Mandarinenlikör
3 cl Grapefruitsaft
2 cl Grenadinesirup
Mineralwasser

Zum Garnieren:
Mandarinenspalten
Zitronenmelisse

Gestoßenes Eis in einen Shaker füllen. Wodka, Mandarinenlikör, Grapefruitsaft und Grenadinesirup hinzufügen, gut schütteln. Gestoßenes Eis in ein Ballonglas geben. Den Cocktail in das Glas abseihen, mit Mineralwasser auffüllen. Mandarinenspalten abwechselnd mit Zitronenmelisseblättchen auf einen Sticker spießen, über das Glas legen.

Sombrero Cooler
(Foto rechts)

4 cl Bacardi Rum Light-Dry
6 cl ungesüßter Ananassaft
6 cl Grapefruitsaft

Zum Garnieren:
1 dünne Grapefruitscheibe (unbehandelt)

Einige Eiswürfel in ein Longdrinkglas geben. Den Rum darübergießen, mit Ananassaft und Grapefruitsaft auffüllen. Die Grapefruitscheibe an den Rand des Glases stecken.

Dracula's Sister's Cocktail

4 cl Campari
2 cl Lime Juice
1 cl frisch gepreßter Grapefruitsaft
Sodawasser

Zum Garnieren:
1/2 Grapefruitscheibe (unbehandelt)

Campari, Lime Luice und Grapefruitsaft in ein Longdrinkglas geben, umrühren, mit Sodawasser auffüllen. 2–3 Eiswürfel zugeben,mit der Grapefruitscheibe garnieren.

Hot Drinks

Amaretto Tea

(Foto Seite 96/97)

6 cl heißer schwarzer Tee
brauner Zucker
4 cl Amaretto
2 EL geschlagene Sahne

Tee und Zucker in einem vorgewärmten Punschglas verrühren, den Amaretto dazugeben und die Sahne als Haube daraufsetzen.

Pharisäer

4 cl Bacardi Rum Gold
3–4 TL Zucker
starker, heißer Kaffee
1–2 EL geschlagene Sahne

In eine gut angewärmte Tasse oder ein feuerfestes Kaffeeglas den vorgewärmten Rum gießen. Zucker zugeben und verrühren. Mit heißem Kaffee zu drei Viertel auffüllen, die Sahne als Haube daraufsetzen. Sofort servieren.

Kiwi-Punsch

125 ml (1/8 l) Weißwein
125 ml (1/8 l) frisch gepreßter Orangensaft
Saft von 1/4 Zitrone
1 1/2 EL Honig
1 Stückchen Zimtstange
1 Gewürznelke
1 Kiwi (etwa 100 g)
4 cl Bacardi Rum Light-Dry

Zum Garnieren:
1 Kiwischeibe

Weißwein mit Orangensaft, Zitronensaft, Honig, Zimtstange und Nelke erhitzen. Kiwi schälen, zerkleinern und im Mixer kurz pürieren. Das Fruchtpüree in die heiße Flüssigkeit geben, nochmals erhitzen, nicht kochen lassen. Rum hinzufügen und den Punsch in ein vorgewärmtes Glas füllen. Die Kiwischeibe einschneiden und an den Glasrand stecken.

Teegrog aus Amerika

125 ml (1/8 l) starker, heißer schwarzer Tee
1 EL Zucker
1 Spritzer Curaçao Orange
4 cl Bacardi Rum Premium Black

Zum Garnieren:
1 Zitronenscheibe (unbehandelt)
1 Gewürznelke

Tee mit Zucker, Curaçao und Rum in einem Grog- oder Punschglas verrühren. Die Nelke in die Zitronenscheibe stecken, in das Glas geben.

TIP

Bei allen Tee-Grogs sollte der schwarze Tee sehr stark zubereitet werden, damit sein Aroma trotz der anderen Zutaten noch gut zur Geltung kommt.

Fireside

(Foto unten)

1 TL Zucker oder Kandis
1 Zitronenscheibe (unbehandelt)
2–4 cl Bacardi Rum Light-Dry
heißer schwarzer Tee
1 Stück Zimtstange

Zucker und Zitronenscheibe in ein großes Tee- oder Grogglas geben. Den Rum hinzufügen und mit dem Tee auffüllen. Die Zimtstange beigeben und umrühren.

Irish Coffee

4 cl Irish Whiskey
1–2 TL Zucker
heißer, starker Kaffee
2 EL geschlagene Sahne

Whiskey, Zucker und Kaffee in einem vorgewärmten Irish-Coffee-Glas gut verrühren und die geschlagene Sahne als Haube daraufsetzen.

Hot Chocolate

(Foto rechts)

2–4 cl Bacardi Rum Gold
1 Tasse heiße Schokolade
2–3 EL geschlagene Sahne

Zum Garnieren:
Schokoraspel

Den Rum in die heiße Schokolade rühren. Die Sahne als Haube daraufsetzen, mit Schokoraspeln bestreuen.

Hot Egg Nog

1–2 Eigelb
2 Barlöffel Honig oder brauner Zucker
4 cl Drambuie oder
2 cl Johnnie Walker Red Label Scotch Whisky
heiße Milch
geriebene Muskatnuß

Eigelb mit Honig, Drambuie oder Whisky verschlagen und in ein vorgewärmtes Punschglas geben, mit heißer Milch auffüllen und mit etwas geriebener Muskatnuß bestreuen.

TIP

Heiße Egg-Nogs können als kleine Stärkung zum Brunch oder zum Nachmittags-Tee serviert werden. Die Milch darf nicht kochen, da sonst das Eigelb gerinnt.

Café Drambuie

2–3 cl Drambuie
1 TL Zucker
heißer, starker Kaffee
2 EL geschlagene Sahne

Drambuie, Zucker und Kaffee in einem vorgewärmten Irish-Coffee-Glas oder einem Punschglas gut verrühren und die Sahne als Haube daraufsetzen.

Arrak Punsch

4 cl Arrak
1 Barlöffel Zitronensaft
2 Barlöffel Zucker
150 ml Wasser

Arrak, Zitronensaft, Zucker und Wasser in einem kleinen Kochtopf verrühren, erhitzen und in ein Punschglas füllen.

TIP

Punsch und Grog sind beliebte Wintergetränke, die kochend heiß serviert werden. Sie können in einem kleinen Topf auf der Kochplatte oder mit Hilfe eines Tauchsieders erhitzt werden.

Scottish Grog

4–5 cl Drambuie
2 Barlöffel Zucker
Saft von 1/2 Zitrone
kochendes Wasser

Drambuie, Zucker und Zitronensaft in einem vorgewärmten Grogglas gut verrühren, mit kochendem Wasser auffüllen.

TIP

Verwenden Sie bei der Zubereitung von Hot Drinks mit Wasser immer frisch abgekochtes Wasser, nicht einfach warmes Wasser aus der Leitung.

Bacardi Ciderific

(etwa 12 Drinks – Foto oben)

6 Zitronenscheiben (unbehandelt)
1 Zimtstange
1,4 l Cidre
25 cl Bacardi Rum Gold
1–2 Gewürznelken

Die Zitronenscheiben halbieren, die Zimtstange in kleine Stücke brechen. Den Cidre erhitzen. Rum, Gewürznelken und die Zitronenscheiben zugeben, kurz ziehen lassen. Die Zimtstücke auf Punschgläser verteilen, mit dem heißen Getränk auffüllen.

Buttergrog

10–20 g Butter
3 TL Zucker
2 Gewürznelken
1/2 Zimtstange
1 Stück Zitronenschale
10 cl Bacardi Rum Gold
heißer Apfel- oder Traubensaft

Butter und Zucker in ein Grog- oder Punschglas geben. Die Gewürze hinzufügen und Rum hinzugießen. Mit heißem Apfel- oder Traubensaft auffüllen und gut umrühren. Die Gewürze entfernen.

Tropical Café

(Foto unten)

schwarzer heißer Kaffee
1 TL Zucker
2–4 cl Bacardi Rum Premium Black
2–3 EL geschlagene Sahne
gemahlener Zimt

Kaffee in eine Tasse geben. Zucker und Rum hinzufügen und umrühren. Die Sahne als Haube auf den Kaffee setzen, mit etwas Zimt bestäuben.

Bacino

4–5 cl heißer Espresso
1 TL Zucker
2 cl Amaretto

Espresso, Zucker und Amaretto in einem vorgewärmten Punschglas gut verrühren.

Kapitelregister

Seite

Aperitifs

Digestifs

Klassiker

Drinks am Vormittag

Happy Hour

Longdrinks

Hot Drinks

Alphabetisches Register

Seite

A

B

C

Man nehme

Dr.Oetker

Für die freundliche Unterstützung danken wir	Charles Hosie GmbH, Hamburg Integra Communication, Köln Komplettbüro, München Peill & Putzler, Düren Segmenta PR, Hamburg
Copyright	© 1992 by Ceres Verlag, Rudolf August Oetker KG, Bielefeld
Redaktion	Carola Reich
Fotos	
Titelfoto und Kapitel-Doppelseiten	Fotostudio Toelle, Bielefeld Styling: Katrin Klein, Bielefeld
Innenfotos	Herbert Maass, Hamburg Fotostudio Toelle, Bielefeld
Gestaltung	Rainer Haselhorst, Werther
Satz	adrupa, paderborn
Reproduktionen	Pörtner & Saletzki, Bielefeld scan-trend, Brümmer & Partner, Offenbach am Main
Druck	Mohndruck, Gütersloh

ISBN 3-7670-0446-1